*Carl Lempens*

# Die Geschichte der Hexenprozesse

Verlag
der
Wissenschaften

*Carl Lempens*

**Die Geschichte der Hexenprozesse**

*ISBN/EAN: 9783957000781*

*Auflage: 1*

*Erscheinungsjahr: 2014*

*Erscheinungsort: Norderstedt, Deutschland*

Hergestellt in Europa, USA, Kanada, Australien, Japan
Verlag der Wissenschaften in Hansebooks GmbH, Norderstedt

*Cover: Foto ©kordula - uwe vahle / pixelio.de*

Verlag
der
Wissenschaften

# Inhaltsverzeichnis.

## I.

# Vorwort.

> „Die Missetat der Väter will ich rächen an den Kindern bis ins dritte und vierte Geschlecht.“ 2. Mos. 20, 5.

In Zeiten wie die unserigen, wo man die Wahrheit nicht ertragen kann und die Begünstigung der Kapitalisten und Junker so weit treibt, daß man zu ihrem gemeinschädlichen Vorteile dem Volke die notwendigsten Lebensmittel verteuert, ist nichts zur Beförderung der Aufklärung geeigneter, als die *Betrachtung der Vergangenheit*. Denn nichts Neues unter der Sonne, die Leidenschaften des menschlichen Herzens und die traditionellen Bestrebungen der Repräsentanten der Knechtschaft und Volksausbeutung bleiben sich in allen Jahrhunderten gleich.

Es ändern sich nach dem Geiste der Zeit nur die äußeren Formen und die Mittel, durch welche Volkstäuschung, Reaktion und Tyrannei ihre lichtscheuen und bürgerfeindlichen Absichten, die rechtswidrige Unterdrückung und Plünderung der großen Mehrheit der Nation zur Mästung eines kleinen Häufleins Schmarotzer, zu erreichen suchen. Die Vertreter der letzteren aber machen ihre Piratenzüge stets *unter falscher Flagge*.

Wo es sich um ihren Beutel und um ihre gemeinschädlichen Sonderinteressen ganz allein handelt, da lautete schon gar oft das Schlagwort „Gott“, „Religion“ und dergleichen. Die Ausbeutung der konfessionellen Unterschiede zur Beförderung der Spaltung unter den Bürgern geschah noch stets nur zu dem Zwecke, die Aufmerksamkeit der letzteren von der Vertretung ihrer *wirklichen* greifbaren Interessen abzulenken, das Wasser trüb zu machen, um im Trüben besser fischen zu können. In Spanien beim Stiergefechte schwenkt man dem Stiere vor den Augen eine rote Fahne, um ihm ohne Gefahr tückisch von der Seite das Messer ins Genick stoßen zu können, während das dumme Vieh gegen den gleichgültigen roten Lappen die Hörner richtet. Die gleiche Taktik war zu allen Zeiten auch bei „anderen Leuten“ beliebt.

„Vaterland“, „Nationalehre“ schrie noch stets derjenige, welcher durch Mordbrennerei und Massenmord seinen durch schlechte Mittel erworbenen ungerechten Besitz noch weiter vermehren, und Schwächeren ihr Eigentum rauben wollte. Schon gar oft waren die Völker so dumm, sich für solche Gaunerei abschlachten zu lassen. Und doch ist es für Bürgerwohl und Bürgerglück völlig bedeutungslos, ob dieser oder jener Staat eine Provinz mehr oder weniger hat, ob der erste Diener des Volkes Hans oder Michel heißt. Alles kommt für letzteres vielmehr nur darauf an, daß für die Regierung ausschließlich Menschenrechte und Bürgerehre maßgebend werden, und daß man die Kräfte des Volkes nicht für Zwecke und Dinge vergeudet, die dem Wohle desselben völlig fremd sind, wie z. B. Militarismus, Junkerbegünstigung und dergleichen.

Die Hauptsache dabei bleibt, daß das Volk über die „Gewissenhaftigkeit“ der angeblich von Gott gesetzten „Obrigkeit“, sowie der angeblichen geistlichen Gottesrepräsentanten, vollkommen aufgeklärt ist, um vor Vertrauensdusel bewahrt zu bleiben. Das Volk muß wissen, wozu jene Leute fähig sind, was es von ihnen zu erwarten hat, wenn es nicht die entsprechenden Gegenmaßregeln stets in Bereitschaft hält.

Das alles aber lernt sich nur durch das Studium der Vergangenheit. Denn über die Gegenwart, über die lebenden Gewalthaber, läßt sich ja in keiner Weise die Wirklichkeit berichten; sie können in gar manchen Punkten das Licht der öffentlichen Besprechung und Kritik nicht ertragen. Freilich ist das auch schon ein sehr charakteristisches Zeichen, sagt ja doch Jesus so treffend: „Wer Böses tut, der hasset das Licht und kommt nicht zum Lichte, damit seine Werke nicht aufgedeckt werden. Wer aber nach der Wahrheit handelt, der verlangt nach dem Lichte, damit seine Werke offenbar werden“ (Joh. 3, 20. 21).

Man kann wohl sagen, daß im Anfange der zwanziger

Jahre des vorigen Jahrhunderts der lasterhafte Kurfürst von Hessen wider besseres Wissen Hunderte der edelsten Männer des Landes unter der Anklage „demagogischer Umtriebe“ und „Fürstenbeleidigung“ auf Grund von **Drohbriefen** ins Gefängnis warf, welche, wie später entlarvt wurde, keiner der Angeklagten, sondern der erste Günstling des Hofes, das Werkzeug und der Freund des Kurfürsten, **der Polizeidirektor Manger** sebst geschrieben und erdichtet hatte, nur damit man falsche Vorwände zu ungerechten Beschuldigungen erhalte. Als Ausdruck des Wertes einer solchen „von Gott gesetzten Obrigkeit“, wie sie in Hessen seit mehr als dreihundert Jahren Regel geworden, wollte man an den anständigen und ehrlichen Leuten im Lande durch derartige schurkenmäßig erfundene falsche Anklagen die Äußerungen gebührender Verachtung rächen, welche die Bürger den schlechten Dirnen des „Kurfürsten“ widmeten.

Aber welche noch ärgere Rolle „anderwärts“ agents provocateurs spielen, was durch sie und — Hofprediger schon „auf Bestellung“ geliefert wurde, das läßt sich vorläufig noch nicht einmal andeuten.

Daher muß man bei der Vergangenheit früherer Jahrhunderte prüfen. Sie ist der getreue Spiegel späterer Zeiten. Die zu bekämpfenden Kulturfeinde sind die gleichen, wie vor 300 und 400 Jahren; nur die Sprache derselben und die Form der Schröpfköpfe ist zum Zwecke des Gimpelfangs eine etwas andere geworden, aber ihre Natur ist dieselbe geblieben.

„Die Wissenschaft und ihre Lehre ist frei“ sagt Artikel 20 der preußischen Verfassung. Zur Wissenschaft gehört die Geschichte.

Und da gibt es in der ganzen politischen, religiösen und Kulturgeschichte keinen treffenderen **Spiegel**, als eben die Geschichte der Hexenprozesse. Päpste und Bischöfe, Mönche und Priester, Regierungen und ihre Richter, sie alle zeigen da, was sie der Menschheit sind, worin die Ziele ihrer Bestrebungen bestehen als Väter des Aberglaubens.

Doch die Sache hat noch einen anderen Zweck. Es gibt Untaten, über welche kein Gras wachsen darf und die Weltgeschichte ist das Weltgericht.

Diejenigen Stände und Institutionen, welche den furchtbaren Frevel auf sich geladen, allein in Deutschland mehr als hunderttausend Menschen wider besseres Wissen **völlig unschuldig** entweder auf der Folter durch die scheußlichsten Martern zu Tode zu peinigen, oder lebendig auf dem Scheiterhaufen zu verbrennen, müssen auch bis ans Ende der Zeiten den Fluch dieser Greuel tragen, bis sie daran zugrunde gehen. Fortgesetzt muß man von ihnen das Blut der unschuldig Gemeuchelten und die Rechtfertigung ihrer gleichgesinnten Amtsvorgänger fordern.

Und zwar alles dieses um so mehr, da die heutigen Repräsentanten jener Institutionen, teilweise ihrer Vorgänger, durchaus ebenbürtig sein sollen. Erlebte man nicht im Juni 1899 das allerliebste Schauspiel, daß sogar der Führer der Zentrumspartei, der Abgeordnete Dr. Lieber, im Reichstage der Justiz des „Reiches der Gottesfurcht und frommen Sitte" den Vorwurf himmelschreiender Ungerechtigkeit machte? Wie mancher Gewalthaber mag schon bedauert haben, daß er die Vertreter der Wahrheit und Moral nicht mehr des geschlechtlichen Verkehrs mit dem angeblichen „Teufel" wider besseres Wissen anklagen, als Hexenmeister verurteilen und unschuldig verbrennen lassen kann. An Richtern und Schergen dazu fehlte es heute ja so wenig wie vor 300 und 400 Jahren, ja die Schergen hätten vor den damaligen Bütteln sogar noch den Zivilversorgungsberechtigungsschein voraus.

Und was die priesterlichen und muckerischen Nachfolger der Hexenprozeßrepräsentanz betrifft, so ist deren Ebenbürtigkeit mit jenen Menschenmördern ja so stark, daß sie noch heute oft laut nach der „guten alten Zeit" schreien, selbst öffentlich in Hirtenbriefen und von der Kanzel herab. Es tut ihnen so wehe, daß sie nicht mehr Unschuldige foltern und verbrennen lassen können und daß sie auch keinen Gott im Kasten haben, der ihnen diese Macht zurückbringt.

Nun derjenige, dessen Einfalt und Beschränktheit den Grad der Lächerlichkeit erreicht, könnte behaupten, von den heutigen Päpsten und Bischöfen stände niemand mehr auf dem Standpunkte der Bulle Summis desiderantes affectibus des lasterhaften Papstes Innocenz VIII., der da 16 Bastarde als Zeugen seiner „Heiligkeit" in die Welt setzte. Seitdem hat noch kein einziger Papst und kein einziger Bischof so viel Moral und Ehrlichkeit gezeigt, öffentlich jene Bulle zu verwerfen und sich von ihr und ihren Folgen förmlich los zu sagen. Im Gegenteil, die Schriften jener Edlen, die zuerst gegen den Frevel der Hexenprozesse ankämpften, **stehen noch heute auf dem Index der verbotenen Bücher.** Dadurch gibt die Priesterschaft ihren Standpunkt doch wahrlich mit evidenter Deutlichkeit kund; es ist also selbstverständlich auch vollkommen berechtigt, sie für das vergossene unschuldige Blut mit ihren Vorgängern solidarisch haftbar zu erklären.

Und wo ein klerikaler oder ein muckerischer „Geschichtsschreiber" auf jene Dinge zu sprechen kommt, da sucht er sie entweder zu ignorieren, oder mit einigen entstellenden Worten abzumachen. Eine vollständige glatte Verwerfung des Frevels, die Anerkennung, nie hat ein Mensch mit dem angeblichen „Teufel" sich fleischlich vermischt und Unzucht getrieben, nie Wetter gemacht, Vieh bezaubert, oder die Fahrt zum Blocksberg durch die Luft auf dem Besenstiel zurückgelegt, alles dieses ist einfach unmöglich; diejenigen Faktoren, welche deshalb Unschuldige verbrannt, sind die Urheber alles Unheils welches die Menschheit betroffen von Anbeginn, — ja zu dieser Anerkennung hat es noch kein Klerikaler und kein Mucker gebracht.

Ihr größter Schmerz, sowie derjenige ihrer angeblich „von Gott gesetzten Obrigkeit" besteht vielmehr in gar manchen Ländern nur darin, jene Frevel nicht heute noch fortsetzen zu dürfen. Und in der Tat, freiwillig haben sie ja auch nicht davon abgelassen. Der Geist des philosophischen Jahrhunderts hat ihnen die Gewalt aus den Zähnen gerissen und die französische Revolution mit ihren Konsequenzen hat den veränderten Zustand vorläufig besiegelt.

Wir sagen ausdrücklich vorläufig. Denn alle die Stände, welche durch Scheiterhaufen die Wahrheit erwürgten, für welche das Verbrennen und Foltern von Unschuldigen eine Geldquelle war, scheuen auch heute noch das Licht, lassen die Wahrheit ungerecht verurteilen, pflegen ein gemeinschädliches Junkertum und bekämpfen als ihren größten Feind auf allen Gebieten des Lebens die praktische Geltung der Freiheit und Gleichheit, der Bürger- und Menschenrechte. Dieselben stehen bei ihnen nur höchstens in der Verfassung auf dem Papier.

Die Situation ist eine zweifelhafte, solange das Volk noch Faktoren im öffentlichen Leben eine Rolle spielen läßt, die das Rad der Zeit rückwärts zu drehen und die Errungenschaften des Fortschritts zu vernichten suchen. Wenn das Volk die Schmarotzer am Lebensbaume der Nation nicht beseitigt, wenn die Bürger nicht mit vereinten Kräften selbstbewußt und energisch ihre politischen Rechte nur im freiheitlichen Sinne gebrauchen, so ist die Sache der Tyrannei und der Finsternis noch keineswegs endgültig begraben. Ihre Vertreter haben ja noch die Konservativen, das Zentrum und viele — Nationalliberale. Mancher „Freisinnige" ist mit dem Kronenorden zu zähmen und viele „Genossen" gibt es, die schon zufrieden sind, wenn sie eine fette Versorgung an der Parteikrippe gefunden haben.

II.

## Die kirchlichen und politischen Zustände in Italien und Deutschland am Ausgange des fünfzehnten Jahrhunderts.

„Deine Fürsten sind untreu, Gefährten der Diebe." Jes. 1, 23.

Zum Verständnis der Sache ist es nötig, dem Leser erst einen gründlichen Überblick über die Verhältnisse zu geben, auf welchen sich der Gegenstand unseres Werkchens aufbaut. Denn nur dadurch wird derselbe in den Stand gesetzt, Ursache und Wirkung und ganz besonders die Intention der treibenden Organe gerecht zu würdigen.

Anderenfalls könnte der denkfaule Philister sich immer noch mit den falschmünzerischen Phrasen „Aberglaube", „Verirrung der Zeit" und dergleichen trösten. Allerdings müßte dabei auch dann noch zugegeben werden, daß doch nur die geistlichen und weltlichen Gewalthaber als Betrüger der Menschheit diesen Aberglauben gepflanzt und großgezogen haben, um ihn für ihre selbstsüchtigen Zwecke zum Verderben der Völker auszubeuten. Die alten Germanen kannten ihn doch nicht; ihre Mythologie war unendlich reiner und edler, als Hexenbulle und Hexenhammer und alles, was sich daran knüpft.

Nein, nicht Irrtum, sondern raffinierte überlegte Bosheit war die Ursache des Frevels. Wenn es dem unzüchtigen Innocenz VIII. darum zu tun gewesen wäre, gegen den angeblichen „Teufel" zu streiten, so hätte er denselben ja in seiner persönlichen Schlechtigkeit, seinen Dirnen und seinen 16 Bastarden bekämpfen müssen. Einen schädlicheren und verachtungswürdigeren „Teufel" kann doch keine Phantasie erfinden, als einen so lasterhaften Menschen auf dem Throne eines Papstes.

Aber nein, nicht einen Teufel, nicht das Laster und die Sünde wollte man angreifen, sondern alles dieses sollte nur geschützt und geschirmt werden. Dem Papste wie den Fürsten, den Bischöfen wie den weltlichen Gewalthabern, Beamten und Richtern sollten die Hexenprozesse nur ein Mittel bieten, alle unbequemen Vertreter der Tugend und der Wahrheit, welche den „obrigkeitlichen" Lastern widerstrebten, alle Mädchen, die sich von ihnen nicht verführen lassen wollten, alle Mütter, die ihnen ihre Töchter nicht opferten, alle mißliebigen Leute und alle Opponenten auf kirchlichem wie auf staatlichem Gebiete martervoll zu meucheln und deren Vermögen als Mittel zu weiteren „hochwürdigen" und „landesväterlichen" Lastern und Ausschweifungen zu rauben. Zu diesem Zwecke wurden die Hexenprozesse erfunden und zu diesem Zwecke sind sie tatsächlich ausgenutzt worden, damit der „Segen des Christentums" offenbar werde.

Nie hat es in Deutschland einen Zentrumsrichter, einen Fürsten oder einen Bischof gegeben, der bis zu solchem Grade geisteskrank gewesen wäre, daß er im Ernste geglaubt hätte, ein Weib fahre auf einem Besenstiel durch die Luft zum Blocksberge. Im Gegenteil, alle Bischöfe und alle Fürsten wußten jederzeit, daß, wenn das Volk sie sämtlich einsperren und sagen würde: „jetzt beschwöret ein Vierteljahr lang euern Gott und euern Teufel, um nur ein einziges Mal durch eine solche Besenstielluftreise überhaupt die Möglichkeit dessen, weshalb ihr hunderttausend verbrannt habt, festzustellen", es sich dann selbstverständlich ergeben würde, daß eine solche Möglichkeit überhaupt nicht existiert. Und wenn man ihnen sagte, falls ihr es nicht leistet, gleichviel durch Gott oder „Teufel", so verbrennen wir auch den unschuldig gemeuchelten Hexen zur Sühne und schaffen das Christentum ab, so würden doch alle Fürsten und alle Päpste und Bischöfe zusammen nicht ein einziges Mal den Unsinn ausführen können, zu welchem nach ihren falschen Vorspiegelungen jedes alte Weib schon imstande sein sollte. Und ohne allen Zweifel würden sie verbrannt und das Christentum abgeschafft, wenn dessen Weiterbestand von einer solchen Probe abhängig wäre.

Auch waren die Fürsten, Bischöfe und Päpste des fünfzehnten, sechszehnten, siebzehnten und achtzehnten Jahrhunderts großenteils weit mehr für ihre Dirnen und sonstige weltliche „Anliegen" interessiert, als für Gott und Teufel. Wenn Christus in diesen Zeiten wieder erschienen wäre und ihnen die Wahrheit gesagt hätte, würden sie ihn viel schneller und viel grausamer noch umgebracht haben, als einstens die Juden. —

Den großen Päpsten des Mittelalters, dem edlen Gregor VII. und seinen Nachfolgern, hatte der Gottesstaat auf Erden als Ideal vorgeschwebt. Der Gedanke wurde von den Völkern freudig aufgenommen. Darauf gestützt war es der Kirche gelungen, die Gefahren zu beseitigen, welche ihr sowohl durch Entsittlichung ihrer Diener, wie durch weltliche Tyrannen droheten. Die Kirche ging aus dem Investiturstreite siegreich hervor, durch Befestigung des Zölibats im Innern gereinigt, durch große weltliche Besitzungen nach außen mächtig.

Aber gerade die weltlichen Besitzungen wurden für die Priesterschaft der Stein zum Anstoß und der Fels zum Straucheln. Im Anfange des zwölften Jahrhunderts stand sie auf ihrer sittlichen Höhe, aber es ging ihr wie dem Wolfe, welcher um so hungriger wird, je mehr er frißt.

Nicht nur in geistlichen, auch in weltlichen Dingen wollten die Päpste die Herren der Staaten, und insbesondere Deutschlands und Italiens sein. Einhundertunddreißig Jahre rangen sie in diesem Kampfe mit dem tatkräftigsten und würdigsten deutschen Kaiserhause, den edlen Hohenstaufen.

Für die Beurteilung der Priesterschaft und ihrer Bestrebungen, für die Beantwortung der Frage, ob die Häupter des Klerus auch etwas von dem glaubten, was sie lehrten, sind diese Kämpfe von der höchsten Bedeutung.

Kein Hohenstaufe war ein Ketzer, keiner ein Feind der Religion. Im Gegenteil, voll Begeisterung zogen sie mit gewaltigen Heeren für kirchliche Zwecke nach dem Morgenlande, um die Hauptfeinde der Christenheit, die Muhammedaner, zu bekämpfen. Auch im Innern Deutschlands und in Italien hat kein Hohenstaufe die Religion angetastet. Im Gegenteil, die Kaiser Konrad III., Friedrich I., Heinrich VI. und Philipp waren persönlich fromm. Wenn es Friedrich II. nicht mehr war, sondern dem Papste schrieb: „du bist das Tier, von dem geschrieben steht „ein anderes Pferd stieg aus dem Meere auf, das war rot und der darauf saß, nahm den Frieden von der Erde hinweg“; du bist der Drache, der die Welt verführt hat, der Antichrist,“ — so muß man bedenken, daß die Priesterschaft nicht nur Deutschland und Italien gegen diesen Kaiser aufgewiegelt und in Bürgerkrieg gestürzt hatte, sondern daß Friedrich II. sich auch nur durch eine Garde von 10000

Sarazenen vor den Banditen und Meuchelmördern sichern konnte, welche der Papst und sein Anhang ausschickten.

Es gibt kein Verbrechen und keinen Frevel, welche die Päpste nicht gegen das Kaiserhaus der Hohenstaufen verübten und verüben ließen. Und Deutschlands Größe war vernichtet, als auf Anstiften des Papstes am 22. Oktober 1268 das Haupt des letzten Hohenstaufen zu Neapel fiel.

Die deutschen Fürsten hatten das edle Kaiserhaus im Stich gelassen, teilweise sogar verraten. Jetzt stürzten sie über seine Erbländer in Schwaben und Franken mit Hyänengier, um fremdes Gut und Reichsgebiete sich anzueignen. Mehr als zwei Jahrzehnte dauerte es seit Friedrichs II. Tode, bis die deutschen Fürsten wieder einen Kaiser wählten. Aber der geistliche Einfluß sorgte dafür, daß dazu nur der unmächtige Graf Rudolf von Habsburg genommen wurde. Derselbe mußte geloben: „als Kaiser nichts ohne die Fürsten zu tun und ihnen das ganze Raubgut zu lassen, welches sie in der kaiserlosen Zeit gestohlen hatten.“

Aber Rudolf hatte seine Wahl noch mit weiteren Gelöbnissen erkaufen müssen. In Lausanne kam er mit Papst Gregor X. zusammen und versprach ihm auf den Knieen unbedingten Gehorsam und Verzichtleistung auf die Oberherrschaft des deutschen Reiches über Italien. Der Sieg der Päpste über die Kaisermacht war durch die Schuld der deutschen Fürsten zum Verderben der Christenheit so vollständig, daß Papst Martin IV., von Geburt ein Franzose, im Jahre 1280 sagen konnte: „Deutschland ist nur noch ein Teich voll kleiner Fische und ich bin der Hecht, um sie alle zu verschlingen.“

Die Fürsten waren nur noch darauf bedacht, Deutschland zu spalten und die Autorität des Kaisers zu schwächen, um ungestört, gleichviel durch welche Mittel, ihren Privatbesitz vermehren zu können. Das neue Kaiserhaus folgte diesem Beispiele und half sich besonders durch das sanftere Mittel glücklicher Heiraten. Das Gefühl für deutschen Nationalstolz und allgemeine Reichsinteressen hatte bei den Herrschenden keine Vertreter mehr und ängstlich vermied man jeden Konflikt mit der geistlichen Gewalt.

Die Folgen zeigten sich bald. Ein Gewässer, das nicht durch Stürme und Druck in Bewegung gehalten wird, sondern ruhig stille steht, verwandelt sich leicht in einen Sumpf und bekommt einen unangenehmen Geruch. So ging es auch der

Priesterschaft, nachdem die weltliche Macht sie nicht mehr kontrollierte und in Atem hielt.

Von 1303—1376 schwelgten die Päpste in Avignon; gleich ihren guten Freunden, den französischen Königen, wesentlich darauf bedacht, Geld für ihre Dirnen zusammen zu scharren. Dazu war beiden Teilen auch das gottloseste Mittel nicht zu schlecht.

Das beweist eklatant ihr himmelschreiendes Verfahren gegen den berühmten Ritterorden der Tempelherren. Derselbe hatte in den Kreuzzügen und bei den Kämpfen gegen die Feinde der Christenheit die wichtigsten Dienste geleistet. Da seit Jahrhunderten tapfere Helden aus allen christlichen Ländern, oft auch aus den angesehensten Familien, aus gräflichen und fürstlichen Häusern, in seine Reihen traten und jeder Ritter sein Vermögen dem Orden bei der Aufnahme in denselben schenkte, so war dieser allmählich unermeßlich reich geworden.

Diese Reichtümer wünschten nun der unzüchtige Papst Clemens V. und der ebenso schlechte König Philipp IV. von Frankreich zu stehlen und zu rauben. Aber zum bewaffneten Angriff auf den mächtigen Orden tapferer Ritter waren Papst und König zu feige; der Ausgang des Kampfes hätte leicht gegen sie ausfallen können, denn die Zahl der ehrlichen Leute, welche die schmutzigen Tyrannen verachteten und sich wahrscheinlich an den Orden angeschlossen hätten, war groß.

Daher verfuhren die angeblichen „Stellvertreter Gottes auf Erden“ mit einer Gaunerei, die niemand außer acht lassen darf, der über den Ursprung der Gewalt solcher Leute nachdenkt.

Der Hauptsitz des Ordens der Tempelherren war die Insel Cypern, welche ihm gehörte, wie so viele andere reiche Besitzungen in allen Ländern der Christenheit; auf Cypern residierte der Ordensgroßmeister. Dieser wurde nun unter dem lügnerischen Vorwande, über die Vorbereitung zu einem neuen Kreuzzuge mit Papst und König zu beraten, mit den tatkräftigsten Ordenshäuptern und möglichst vielen Rittern nach Frankreich und nach Paris gelockt. Hier überfiel man sie am 13. Oktober 1307 plötzlich in der Nacht und warf sie in die Gefängnisse.

Papst und König klagten nun die Tempelherren der „Ketzerei“ und der „Zauberei“ an. Natürlich wurde das ganze Gaukelspiel wider besseres Wissen betrieben. Man wußte recht gut, daß die Ritter keine Ketzer und keine „Zauberer“ waren, ja die angeblichen „Stellvertreter Gottes auf Erden“

wären sehr in Verlegenheit gewesen, wenn sie nur hätten beweisen sollen, daß „Zauberei“ überhaupt ausführbar und möglich sei. Jeder Vernünftige weiß, daß dieses nicht der Fall ist, und daß derjenige, welcher das Gegenteil behauptet, zu den Betrügern der Menschheit gehört.

Aber letztere hatten „Gesetze“ gemacht, nach welchen das Vermögen aller „Ketzer“ und „Zauberer“ konfisziert wurde. Die reichen Güter der Tempelherren wollte man rauben, daher die falsche Beschuldigung. Die Ritter wiesen dieselbe mit Entrüstung und Verachtung zurück. Doch man folterte sie und wenn auch die scheußlichsten Martern nicht imstande waren, Geständnisse zu erpressen, so fälschte man die Protokolle und schob den unschuldigen Männern Bekenntnisse unter, welche sie gar nicht gemacht hatten, um sie dann im geheimen Gerichte zum Feuertode zu verurteilen.

Nachdem Papst und König schon viele Ritter zu Tode gefoltert, andere in den Gefängnissen gemeuchelt hatten, wurde am 18. März 1314 der Ordensgroßmeister Molay mit mehreren seiner Ritter öffentlich verbrannt. Aber da beschwor Molay auf dem Scheiterhaufen feierlich vor allem Volke die Unschuld seines Ordens und schloß seine Rede mit den Worten: „**Zum Beweise dieser Unschuld** fordere ich dich, König Philipp, hiermit vor Gottes Richterstuhl binnen Jahresfrist und dich, o Papst, binnen vierzig Tagen.“

Der Himmel genehmigte den Spruch des Gerechten. Vor Ablauf der vierzig Tage, schon am 19. April 1314, starb der Papst wirklich. Kaum war er tot, da raubten seine Dirnen und deren Anhang von seinen Schätzen, was sich nur fortschleppen ließ. Bei dieser wichtigen Arbeit zündeten sie aus Unvorsichtigkeit den Palast an und die Leiche des lasterhaften Papstes verbrannte mit dem Bette, worauf sie lag. Kurz nachher stürzte König Philipp mit dem Pferde, wobei er im Steigbügel hängen blieb, fortgeschleift und so zerschunden wurde, daß er am 29. November 1314 starb.

Aber selbst dieses Gottesgericht besserte die Priesterschaft nicht; sie war schon zu tief gesunken. Das Verbrennen auf falsche Anklage wider besseres Wissen, sowie das Foltern blieben fortgesetzt ihre wichtigste Herzensangelegenheit. Alle, welche die Unsittlichkeit der Priester tadelten, alle, welche ihre Habgier und Herrschsucht antichristlich fanden, wurden als „Ketzer“ gefoltert und verbrannt, wobei es Hauptsorge der angeblichen

Diener der Religion der Liebe war, immer scheußlichere Martern zu erfinden. Und wirklich, Nero und Caligula waren in diesem Punkte nur Stümper gegenüber den Priestern und Mönchen des Christentums. Das Vermögen aller „Ketzer“ aber wurde ohne jede Rücksicht auf Kinder und Erben von den Priestern geraubt; sie konnten zu allen Zeiten auch ungerechtes Gut verdauen.

Der große Gregor VII. hatte im elften Jahrhundert die Häuser der Priester von Weibspersonen und Dirnen gesäubert und das Keuschheitsgelübde zur Geltung gebracht. Er zwang die Domkapitulare und die Geistlichen der Stiftskirchen, klösterlich zusammen zu wohnen bei männlicher Bedienung, und die bischöflichen Stühle durften nur mit Rücksicht auf Befähigung und Würdigkeit der Bewerber vergeben werden.

Allein das alles wurde nur solange beobachtet, wie die Priesterschaft mit kraftvollen Kaisern zu kämpfen hatte und der Achtung des Volkes bedurfte, um bei demselben Stütze und Beistand gegenüber der weltlichen Macht zu finden. Bereits am Ausgange des dreizehnten Jahrhunderts waren die wohltätigen Wirkungen der Reformen Gregors VII. verschwunden.

Der Sieg der Päpste über das Kaisertum war viel zu vollständig gewesen. Jetzt wurde das ganze Pfaffentum ebenso üppig wie die Raubritter und die Reichsfürstlein. Unsittliche Päpste und Bischöfe gehörten nicht mehr zu den Seltenheiten. Jeder Bischof in Deutschland wollte nicht nur zugleich weltlicher Landesherr sein, sondern auch seinen Besitz fortgesetzt vermehren, gleichviel wie schlecht auch die dazu gebrauchten Mittel waren. Zahlreiche Städte mußten jahrhundertelang um ihre Freiheit mit den Bischöfen kämpfen, wobei letzteren Meineid, Verrat und Niederträchtigkeit aller Art gute Dienste leisteten. Wer die Mittel betrachtet, mit welchen überall in diesen Fehden das Volk rechtswidrig zu unterjochen gesucht wurde, kann nicht annehmen, daß diese Bischöfe an ein göttliches Gericht und ewige Vergeltung glaubten. Über das, was allein die Stadt Köln von den räuberischen Anschlägen der Erzbischöfe Konrad von Hochsteden und Engelbert von Falkenberg zu leiden hatte, ließe sich ein Buch schreiben, und im ganzen Sündenregister der Hölle findet sich kein Verbrechen, welches die „Hochwürdigsten“ dabei nicht verübten oder verüben ließen.

Das war auch kein Wunder, war ja doch die Kirche in Deutschland durch den teuflischen Hochmut der Priester zu einem Minorat des schmutzigen Junkertums erniedrigt und dadurch dem Geiste Christi und des Evangeliums radikal entfremdet worden. Domkapitular konnte nur noch werden, wer 8—16 Ahnen vom „alten Adel" hatte. Und nur ganz allein darauf kam es an, Würdigkeit und Kenntnisse, Tugend und Ehrlichkeit kamen gar nicht in Betracht. Der Junkerbube konnte schon in der Wiege zum Domkapitular ernannt werden, zu lernen brauchte er nichts. Priester brauchte er auch nicht zu werden; den Kirchendienst ließ man durch arme Kapläne verrichten.

Diese Domkapitulare, welche an den Stiftskirchen das unsittliche Prasserleben, welches sie auf den väterlichen Schlössern gelernt hatten, nur schamlos fortsetzten, wählten dann die Bischöfe. Aus den umliegenden gräflichen oder fürstlichen Häusern bekam dazu gewöhnlich derjenige nachgeborene Junge die Stimme, der dieselben am besten bezahlte oder sonst durch Intriguen und weltliche Rücksichten sich empfahl. Eine der besten Empfehlungen war es, wenn einer als tüchtiger Raubritter sich bemerkbar gemacht hatte, durfte man ja doch von ihm hoffen, er werde durch Raubkriege das Gebiet des Bistums um eine Stadt oder einige Dörfer vermehren, oder durch Plünderung schwächerer Nachbarn dem Domkapitel weitere Geldmittel zu wollüstigem Prasserleben schaffen.

Deutschland zerfiel in mehrere hundert kleine selbständige Gebiete, deren Inhaber stets ihren Besitz auf Kosten der Schwächeren zu erweitern suchten. Daneben gab es noch viele Raubritter, das heißt adelige Straßenräuber, welche, auf die Festigkeit ihrer Burgen trotzend, die Land- und Wasserstraßen unsicher machten. Mit einigen handfesten Knechten lauerten sie am Wege und plünderten die Wanderer, besonders reisende Kaufleute. Gewöhnlich wurden die Überfallenen dann noch zur Burg geschleppt und solange in scheußlichen Kerkerlöchern gepeinigt, bis ihre Angehörigen das verlangte Lösegeld zahlten. So trieb der „deutsche Adel" das gleiche ehrsame „Gewerbe" wie noch heute die Briganten und Banditen in Italien, Griechenland und der Türkei, nur daß diese Räuber in der Regel anständiger sind, als es die Junker waren.

Die ehrlichste Macht jener Zeiten bildeten die freien Reichsstädte; sie haben das besondere Verdienst, gar manchen schlechten Junker gehängt oder gerädert zu haben. Namentlich die hohenstaufischen Kaiser hatten mit Erfolg die Bürgerfreiheit begünstigt. Schon im zwölften Jahrhundert zertraten die Bürger von **Brügge** in Flandern die Fürstenmacht und den Adel; siebenzehn flandrische Städte waren mit ihnen verbunden, sie schlugen die Heere der Könige von Frankreich. Im dreizehnten Jahrhundert folgten die Handelsstädte am Rhein, an der Elbe und Ostsee dem Beispiele von Flandern. Der Hansabund der deutschen Reichsstädte, Lübeck, Hamburg, Köln, Bremen usw. an der Spitze, demütigte die Fürsten und Könige des Nordens, wie die Bischöfe.

Bereits 1246 wurden die Zollstätten des Erzbischofs Gerhard II. von Bremen gebrochen; Hamburg und Bremen erkannten seine weltliche Herrschaft nicht mehr an. Zu gleicher Zeit mußten Metz, Straßburg und Köln ihre Freiheit mit dem Schwerte in der Hand gegen ihre Bischöfe verteidigen. Straßburg vertrieb den räuberischen Bischof Walther von Geroldseck und zerstörte alle Häuser der Domkapitulare und des Adels, obgleich Graf Rudolf von Habsburg für den Bischof stritt. Die Dienste, welche derselbe in diesen Fehden als „Pfaffenknecht", wie die Bürger es bezeichneten, leistete, waren nicht der geringste Anlaß seiner bald darauf erfolgenden Wahl zum deutschen Kaiser.

Konrad von Hochsteden, seit 1237 Erzbischof von Köln, führte Krieg mit dem Bischofe Simon von Paderborn und Osnabrück. Da ihm das Glück gegen den „teuern Amtsbruder" günstig war, so suchte er auch die Reichsstadt Aachen ihrer Freiheit zu berauben und zu plündern. Diese aber hatte einen treuen Verbündeten an dem Grafen Wilhelm von Jülich, einem der tapfersten Ritter seiner Zeit, welcher den Bürgern zu Hilfe zog, die Banden des Erzbischofs schlug und diesen selbst, der im Harnisch an der Spitze seiner Kriegsknechte wie ein Raubritter stritt, gefangen nahm. Erst als er schwur, ferner Ruhe und Frieden zu halten und ein hohes Lösegeld zahlte, kam er wieder los.

Jedoch dem Erzbischof fiel es nicht ein, seinen Schwur zu halten. Er legte denselben dahin aus, er habe nur gelobt, Aachen nicht weiter anzugreifen und das tat er auch nicht. Statt dessen erlaubte er sich Eingriffe in das Münzrecht der mächtigen Reichsstadt Köln nnd suchte dieselbe sich untertan zu machen und auszubeuten.

Aber die stolzen Kaufleute und Ritter, welche die Geschicke von Köln leiteten, machten kurzen Prozeß, jagten den Friedensbrecher aus der Stadt und zerstörten seinen Palast. Da rüstete der Erzbischof ein gewaltiges Heer, mit welchem er Köln belagerte und von Deutz aus über den Rhein hinüber schwere Steinmassen den Kölner Bürgern als erzbischöfliche Segensgrüße in die Stadt warf. Doch die Patrizier derselben rückten mit der ganzen Macht der Zünfte aus und schlugen die Truppen ihres Bedrängers aus dem Felde.

Als der „Hochwürdigste“ sah, daß er mit Gewalt Köln nicht unterwerfen konnte, heuchelte er Frieden und Versöhnung und lenkte durch die Vorbereitungen zum Bau des Domes, zu welchem 1248 der Grundstein gelegt worden war, die Aufmerksamkeit von seinen Intriguen ab. Inzwischen ließ er durch Mönche und andere Werkzeuge die Bürger, insbesondere die Zunftmeister, gegen die Patrizier und Ritter der Stadt aufwiegeln, so daß 1258 eines schönen Tages ein allgemeiner Volksaufstand die völlig überraschten Patrizier aus der Stadt vertrieb.

Jetzt suchte der Erzbischof in die leitenden Ämter der letzteren seine Puppen einzuschmuggeln und sein Nachfolger Engelbert von Falkenberg setzte seit 1261 diese Wühlerei mit solchem Erfolge fort, daß die jetzigen in der Wolle klerikal gefärbten Stadtväter nicht einmal murrten, als der Erzbischof sich die Stadtschlüssel aushändigen ließ. Dann setzte er den Kölnern zwei Zwingburgen auf die Nase, im Süden die Feste Beyenburg und im Norden Ryle. Auch das wurde geduldet. Jetzt umgab der Erzbischof die ganze Stadt mit Warttürmen und besetzte diese mit seinen Söldnern.

Nun glaubte er sicher zu sein und der Zweck des Ganzen entpuppte sich. Er wollte das Geld den Bürgern — bekanntlich zu allen Zeiten das Herz des Klerus — und stellte an dieselben ohne weiteres hohe Steuerforderungen. Allein in jenen Zeiten war das Volk noch nicht rechtlos, vielmehr gewohnt, nur solche Steuern zu zahlen, welche die Gesamtheit der Bürger bewilligt hatte.

Die Forderung des „Hochwürdigsten“ erregte daher allgemeine Entrüstung und das Volk versammelte sich zur Beratung, ohne seine angeblich „von Gott gesetzte“ Obrigkeit zu fragen. Ein schlichter Bürger, Eberhard vom Buttermarkt, schilderte im Donnertone die Schmach, welche der Erzbischof der Stadt zugefügt, seitdem man so dumm gewesen, die Patrizier zu vertreiben, die stets so tapfer die Freiheit derselben verteidigt. Einstimmig wurde beschlossen, sofort die Patrizier zurückzurufen und dann mit vereinten Kräften das Pfaffenjoch zu brechen.

Ein Festtag für Köln war es, als die Ritter, an ihrer Spitze der heldenkühne Matthias Overstolz, einzogen. Letzterer führte die gerüsteten Bürger sofort zum Sturme gegen die Beyenburg und er war es auch, der nach schwerem Kampfe zuerst in dieselbe eindrang. Und nun wurde eine Zwingburg des Erzbischofs nach der anderen von den Bürgern genommen.

Das aber zerriß das Herz des Seelenhirten. Da seine Kriegsknechte von den Kölnern überall geschlagen wurden und die Freiheit der Stadt vollständig zurückerobert war, ging der Erzbischof nach Rom und jammerte und der Papst belegte die Bürger von Köln mit dem Bannfluche.

Dieser Frevel, mit geistlichen Mitteln weltliche Zwecke und die Befriedigung der unersättlichen Herrschsucht und Habgier der Priesterschaft zu verfolgen, beweist so recht eklatant, daß Papst und Bischöfe schon damals nichts von dem glaubten, was sie lehrten. In der Praxis lautete das Christentum für sie: Religion und Evangelium **sind wir** mit unserm Geldsack; diesen füllen, heißt Gott dienen.

Darüber war aber auch alles Volk so vollständig im reinen, daß man sich um den Bannfluch wenig kümmerte. Da sollte Meuchelmord dem „Hochwürdigsten" dienen. Besonders war ihm der Bürgermeister von Köln Gryne ein Dorn im Auge. Dieser tapfere Ritter hatte die Verteidigung der Stadt so umsichtig geordnet, daß der Erzbischof an keinen Überfall denken konnte, und die Aufwiegler, welche letzterer nach Köln schickte, um die Einigkeit der Bürger mit dem Geschrei „die Religion ist in Gefahr!" zu stören, fanden bei der Energie und Wachsamkeit des Bürgermeisters kurz und schnell den Weg zum Galgen, auch wenn sie doppelt geweiht waren.

Darum sollte der Bürgermeister sterben. Der Erzbischof gedachte seines Meisters Judas und zwei Domkapitulare zu Köln erhielten die entsprechenden Weisungen. Diese „adeligen Hochwürdigen" näherten sich dem Bürgermeister gar freundschaftlich, gaben vor, heimliche Feinde des Erzbischofs zu sein und sie wußten den arglosen Ritter so zu täuschen, daß er bei ihnen eine Einladung zum Gastmahl annahm. Nach letzterem lockten sie ihn in einen ummauerten Hof, in welchem ein Löwe des Erzbischofs hauste und versperrten dann den Eingang. Aber der Bürgermeister wickelte schnell seinen Mantel um die linke Hand und den Arm und fuhr damit dem Löwen in den Rachen, während er ihm mit der Rechten das

Schwert in den Bauch stieß. Als das Tier tot war, zertrümmerte Gryne die Tür, rief das Volk herbei und ließ die beiden Domkapitulare unter einem Bogen aufhängen, welcher seitdem die Pfaffenpforte heißt bis auf diesen Tag.

Nun versuchte der würdige Erzbischof 1264, Köln durch einen Überfall zu nehmen, scheiterte dabei aber so gründlich, daß er selbst gefangen wurde. Jetzt sollten Tränen, Schwüre und Friedensversicherungen helfen, und die Ritter von Köln ließen sich wirklich täuschen und gaben ihren Todfeind wieder frei.

Diesem fiel es nicht ein, seine Gelöbnisse zu halten. Durch Umtriebe und Bestechungen wußte er die Häupter der starken Weberzunft gegen die Patrizier aufzureizen. Köln zählte damals 30000 Weber, die Mehrzahl derselben erhob sich 1266 zum Kampfe. Aber dieses Mal waren die Ritter gerüstet, in einer furchtbaren Straßenschlacht wurden die Rebellen überwunden. Tausende derselben waren gefallen, von den Überlebenden wurden alle Führer des Aufstandes gehängt, gerädert oder aus der Stadt verbannt. Doch was kümmerte die Priester das Elend, welches sie über so viele Familien gebracht; sie setzten ihre gewohnte Verführung der Leute fort.

Waren die vereinigten Ritter unbesiegbar, so ließ sich jetzt ein Teil derselben durch erzbischöfliches Geld zur Auflehnung gegen das mächtige Geschlecht der Overstolze und ihre Genossen dingen. Aber die Overstolze siegten, ein Teil ihrer Gegner fiel im Kampfe, der andere Teil mußte einen feierlichen Eid schwören und geloben, in keiner Weise mehr den Frieden der Stadt zu stören und dann dieselbe verlassen.

Die Verbannten wanderten nach Bonn zum Erzbischofe, welcher sie zum Meineid verleitete und veranlaßte, weiteres Unheil zu stiften. Einen Handelsmann, dessen Haus zu Köln in der Nähe der Uhlenpforte an die Stadtmauer gebaut war, verführte man durch Bestechung, in letztere von seiner Hütte aus ein Loch zu brechen, groß genug, um ein Pferd durchzulassen. Als das Loch bereit war, versuchten in einer stürmischen Herbstnacht des Jahres 1267 die Verbannten mit den Kriegsknechten des Erzbischofs in die Stadt zu dringen. Den Kern ihrer Macht bildete der Graf Dietrich VII. von Cleve mit 400 Rittern, welchen die Aussicht, die reiche Stadt Köln zu plündern, verlockt hatte, Verbündeter des Erzbischofs zu werden. Man hoffte, die Overstolzen im Schlafe überfallen und ermorden zu können und zweifelte am glücklichen Erfolge um so weniger, da man auch auf den Beistand der „Pfaffenknechte“ in der Stadt rechnete.

Schon war ein Teil der Feinde durch das Loch gekrochen, da kam ein angetrunkener Metzger, der in der Nähe wohnte, aus der Kneipe. Kaum sieht er, was da vorgeht, da rennt er zur Rheingasse und zum Filzengraben, wo die Patrizierhäuser der Overstolzen und ihrer Freunde lagen und schreit: „Zu den Waffen, zu den Waffen; Feinde dringen beim Uhlentor durch die Mauer!“

Nicht lange dauerte es, da sprengte der kühne Matthias Overstolz mit fünfzig Rittern den nächtlichen Besuchern entgegen, während die Sturmglocke des Rathauses die Bürger auf die für solche Fälle im voraus bestimmten Sammelplätze rief. Aber mehr als tausend Feinde waren bereits in der Stadt, die Ritter stießen auf eine zwanzigfache Übermacht. Alle Tapferkeit konnte nicht verhindern, daß sie mit Verlust zurückgedrängt wurden, nachdem Matthias Overstolz gefallen war. Doch sein Sohn führte die inzwischen gesammelten Bürger in den Kampf, welcher mit einem vollständigen Siege der Kölner endete. Viele der Eindringlinge und Vertrauten des Erzbischofs wurden gefangen und die Henker waren in den nächsten Tagen vollauf beschäftigt, da man selbstverständlich die ohne angesagte Fehde bei Nacht durchs Mauerloch Gekrochenen als Diebe und Räuber behandelte. Unter den Gefangenen waren mehrere der verräterischen Kölner Ritter, die jetzt ihren Meineid auf dem Rade büßen mußten.

Doch auch jetzt noch setzte der Erzbischof den Kampf gegen Köln fort. Da zog der Graf Wilhelm von Jülich, sein alter Feind, den Bürgern zu Hülfe. In der Schlacht bei Lechenich wurde das Heer des Erzbischofs vernichtet, er selbst gefangen und in einen eisernen Käfig gesteckt. Erst 1270, nachdem er sich vollständig gedemütigt, kam er wieder frei. Feige war er aber jedenfalls nicht.

So trieben es die regierenden Bischöfe überall. Um dieselbe Zeit wie Köln hatte auch Lüttich schwer mit seinem Bischofe zu kämpfen, der die Bürger knechtete und durch seine Unsittlichkeit öffentliches Ärgernis gab, bis das Volk ihn totschlug. Die Bürger von Hameln unterlagen im Kampfe mit dem Bischofe von Minden und wurden greulich ausgeplündert. Über Leipzig wollte der Abt von St. Augustin herrschen, aber die Bürger brachen 1252 seine Zwingburg. Die Bürger von Halle wurden vom Erzbischof von Magdeburg besiegt und gequält. Würzburg und Augsburg dagegen wahrten ihre Rechte in hitzigen Kämpfen mit den Bischöfen.

Aber die Städte hatten auch die Fürsten und Raubritter zu Feinden. Letztere waren besonders in Franken und Schwaben zahlreich und üppig. Überall machten sie die Wege für die reisenden Kaufleute und ihre Warentransporte unsicher. Als die ärgsten Räuber waren berüchtigt die Grafen Ulrich von Württemberg und Diether von Katzenellenbogen. Da schlossen um die Mitte des dreizehnten Jahrhunderts mehr als sechzig rheinische und schwäbische Städte gegen die adeligen Räuber und Wegelagerer den rheinischen Städtebund. Mit vereinten Kräften brachen sie zahlreiche Burgen und gar mancher Junker wurde von ihnen vom Pferde zum Galgen erhöht, ganz der Würde des „Adels" entsprechend.

Wegelagerer „Graf" Eberhard von Württemberg, Rudolf von Baden und noch 16 andere „Grafen" wollten ihr Straßenräubergewerbe auch jetzt noch fortführen. Den Neckar entlang gaben sie sich von allen Burgen Signale, wenn Warenzüge der Kaufleute naheten, um dieselben dann zu plündern. Rudolf von Habsburg zog gegen die Landplage zu Felde und zerstörte 1286 die Burg Stuttgart.

Die holsteinischen „Grafen" versuchten 1289 wieder einmal die freien Dithmarschen zu unterjochen, wurden aber von denselben schmählich in die Flucht geschlagen. Graf Florens von Holland war ausnahmsweise ein Bürgerfreund, deshalb wurde er von den Junkern ermordet.

Der Kölner Erzbischof Siegfried von Westerburg ließ den Mönch Bernd Hankebort, welcher gegen die Unsittlichkeit der Priester gepredigt, zu Deutz als „Ketzer" verbrennen. Das war überhaupt nicht selten das Schicksal ehrlicher Leute, welche priesterliche Unzucht und Geldgier, und Raubsucht und Schlechtigkeit der Bischöfe den Vorschriften des Evangeliums nicht entsprechend fanden. Dieses sollte das Volk gar nicht mehr kennen, daher verbot man ihm das Lesen der Bibel; nur der Wille der Priester und Bischöfe, die götzendienerische Respektierung und Duldung ihrer Laster und Erpressungen, sollte als „Religion" gelten.

Der Erzbischof von Mainz besiegte 1279 den Grafen von Sponheim und glaubte schon einige Dörfer" erobert zu haben, als ihn 1283 Heinrich von Hessen bei Fritzlar in die Flucht schlug. So ging es in allen Teilen Deutschlands; überall waren Bischöfe, Junker und Fürstlein die Friedensstörer und die Ursache der Übel, welche das Land trafen. Daß sie alle zusammen gar keine Religion hatten, bewies ihr Treiben.

Laurentius, Bischof von Metz, führte Krieg mit dem Herzog von Lothringen um den Besitz der Grafschaft Blieskastel von 1276 bis 1291, weite Landstrecken wurden vom „Hochwürdigsten“ mordbrennerisch verwüstet.

Bischof Berthold von Würzburg wurde 1285 mit allen Priestern und Domkapitularen von den Bürgern aus der Stadt vertrieben. Er belegte dieselben mit dem Banne, aber sie spotteten darüber, hatten sie ja doch längst erkannt, daß die Priester selbst nicht glaubten, was sie lehrten, denn sonst hätten sie ja auch nach ihrer Lehre leben müssen. In Müllers Würzburger Chronik werden reizende Einzelheiten über die „Tugenden“ der „Hochwürdigen“ und „Hochwürdigsten“ erzählt. Bischof Andreas, der zweite Nachfolger jenes Berthold, legte seiner Unsittlichkeit und Üppigkeit gar keine Zügel an. Die Bürger wollten ihn daher 1303 bei Nacht überfallen, gefangen setzen und züchtigen. Allein durch die Dirnen, welche nachts im Schlosse ab- und zugingen, wurde die Sache verraten, die Bürger mußten eine Geldsumme als Buße zahlen und die Erinnerung an die „Rettung“ wurde jährlich durch einen Umzug um das Schloß bei Fackellicht gefeiert.

Das Verjagen der Bischöfe mit sämtlichen adeligen Domkapitularen war übrigens im Mittelalter nichts Seltenes. Im Jahre 1291 erlebte es auch der Bischof von Bamberg, und 1299 hatte der Bischof von Lübeck das Vergnügen. Die Passauer wollten 1298 ihren Bischof ebenfalls zum Teufelchen schicken, aber Herzog Albrecht von Österreich stritt für ihn und unterwarf die Stadt dem Bischof. Bischof Wilhelm von Utrecht wurde von den Bürgern zu seiner Besserung eingesperrt. Er gelobte alles Gute; kaum war er aber wieder frei, da brach er seine Schwüre und begann wieder Krieg gegen die Bürger. Da schlugen sie ihn 1301 tot.

Dem Erzbischofe Diether von Trier gelang es 1303, die Stadt Koblenz ihrer Freiheiten und Rechte zu berauben und sich untertan zu machen. Die Bischöfe Ludwig von Osnabrück und Konrad von Münster kämpften 1308 persönlich in blutiger Schlacht gegeneinander um einen Fetzen Land. Schon hatte Ludwig seinen Gegner vom Roß geworfen, daß er ein Bein brach, da wurde er selbst im Gewühl von seinen eigenen Leuten erstochen. „Der Herr kehrte das Schwert des einen gegen den anderen,“ heißt es in der Bibel, und „Herr, pack ihn!“ schrieen die Mucker 1864 im Waisenhaus zu Elberfeld.

„Bischof" Heinrich von Lüttich bereicherte das Land um 65 Bastarde, alles zur größeren Ehre des Junkertums, zu welchem er gehörte.

Die geistlichen Gebiete waren die Zankapfel für die Fürsten. Als 1276 Günther Graf von Schwalenberg Erzbischof von Magdeburg wurde, fing der Markgraf Otto von Brandenburg sofort Krieg mit ihm an und verwüstete das erzbischöfliche Gebiet mit Mord und Brand, weil man nicht seinen Bruder Erich zum Erzbischof genommen hatte. Aber der brandenburger Markgraf wurde bei Aken und an der Sülze geschlagen und 1278 sogar gefangen. Die Magdeburger Schöppenchronik berichtet, wie man den Markgrafen an die Kette gelegt und in eine enge Kiste gesteckt habe, bis das verlangte Lösegeld für ihn bezahlt war. Dann mußte er schwören, fortan Frieden zu halten und wurde mit einem Tritte verabschiedet. Doch kaum war er frei, da brach er das Gelöbnis und rückte mit allen seinen Kriegsknechten vor Magdeburg, um die Stadt zu belagern. Schon damals hätte der Brandenburger Magdeburg gar zu gerne gestohlen. Aber die Magdeburger schossen ihm einen Pfeil in den Kopf, so daß die Pfeilspitze im Schädel stecken blieb. Da bekam er den Spitznamen „Otto mit dem Pfeil" und zog ab.

Als der Fürst Heinrich von Güstrow seinen Söhnen zu lange lebte, ermordeten sie ihn 1291 bei Ribnitz auf der Jagd; ein charakteristisches Zeichen der „fürstlichen Gewissenhaftigkeit" jener Zeit. Die beiden Söhne des Burggrafen von Nürnberg ließen dort 1298 das Kind eines Sensenschmiedes aus Bosheit von ihren Jagdhunden zerreißen. Aber da rückte die Zunft der Sensenschmiede mit Wehr und Waffen aus, ergriff die beiden gräflichen Buben und brachte sie vom Leben zum Tode.

Albrecht, der zweite Sohn Kaiser Rudolfs, hatte durch Heuchelei und Versprechungen die Stände Österreichs und Steyermarks bewogen, ihn zum Herzog anzunehmen. Kaum war er es, da spielte er den Tyrannen und war nur darauf bedacht, Geld zu erpressen und sich zu bereichern. Die Rechte der Bürger von Wien verletzte er in jeder Weise und reizte dieselben solange, bis sie sich 1287 empörten. Der Tyrann belagerte die Stadt und hungerte sie aus, dann vernichtete er ihre Privilegien und ließ von den Häuptern des Volkes dem einen die Augen ausstechen, dem anderen die Zunge ausreißen, dem dritten die Finger abhacken und dergleichen viel. Auch die Ungarn suchte er zu unterjochen, sie schlugen ihn aber aus dem Lande und er mußte den Frieden durch die Abtretung Preßburgs und Tirnaus erkaufen. Dann fuhr er fort, die Münze zu fälschen, Privateigentum zu rauben und jeden Frevel zu verüben. Den Erzbischof von Salzburg, welcher für die Rechte des Volkes eintrat, lockte er tückisch nach Wien und ließ ihn vergiften. Selbst in der eigenen Familie achtete Albrecht kein fremdes Recht; Johann, dem Sohne seines älteren Bruders, stahl er sein Erbe, was er schließlich 1308 mit dem Leben büßen mußte.

Daß die deutschen Fürsten sich bestechen ließen, war nichts Ungewöhnliches. Nur durch Bestechung hatte der Tyrann Albrecht seine Wahl zum deutschen Kaiser erschlichen.

Während die Unterdrückung der Bürgerrechte im Osten um sich griff, wahrten die Bewohner Flanderns mit der ganzen Energie der alten Deutschen ihre Rechte. Flandern übertraf damals alle Länder der Welt an Wohlstand, Bildung und Bürgerstolz; die Hauptstadt Brügge mit 300000 Einwohnern war die erste Handelsstadt von Europa, deren Flotten die Meere beherrschten und in den Kreuzzügen eine glänzende Rolle spielten.

Der ruchlose König Philipp IV. von Frankreich, der den Orden der Tempelherren gemeuchelt, gedachte durch Lug und Trug sich das reiche Flandern anzueignen. Durch Schmeicheleien lockte er den Grafen Guido von Flandern mit seiner Tochter und dem Kern der flandrischen Ritterschaft 1296 nach Paris, setzte den Grafen und die Ritter gefangen und entehrte als „allerchristlichster König" die Jungfrau.

Dann schmeichelte der Franzosenkönig dem Klerus und dem Adel in Flandern in jeder Weise, um sie zu veranlassen, ihm zu huldigen. Als er die Frucht für reif hielt, zog er mit einem großen Heere nach Flandern und wurde wirklich von Pfaffen und Junkern in Brügge eingelassen, wo er den Junker de Chatillon als Statthalter einsetzte.

Aber Peter de Konink, Obermeister der Zunft der Wollweber in Brügge, die allein 30000 Streiter stellte, und Breyel, Zunftmeister der stets kampflustigen Metzger, versagten den Franzosen den Gehorsam. Am 14. Mai 1302 besetzten sie alle Tore und dann begann der Angriff gegen die französische Kriegsmacht in der Stadt. Nach schwerem Kampfe unterlagen die Hergelaufenen und wurden unter dem Feldgeschrei „was wälsch ist, ist falsch, schlagt die Wälschen tot!" wie das Wild gejagt und abgeschlachtet.

Der Franzosenkönig gedachte die Schmach furchtbar zu rächen. Er sandte seinen Bruder Robert von Artois mit einem Ritterheere von 47 000 Mann gegen Flandern und glaubte den Sieg in der Hand zu haben, da der Adel des Landes die Volkssache verriet und den Franzosen half, und sogar die Bürger der mächtigen Stadt Gent aus Neid gegen Brügge und weil ihre Führer bestochen waren, neutral blieben.

Die Bürger von Brügge aber verzagten nicht. Sie zogen aus wie ein Mann, an ihrer Spitze Wilhelm von Jülich, Bruder des regierenden Grafen und Domkapitular zu Maestricht, ein erprobter Kriegsheld. Bei Kortryk erwarteten sie am 11. Juli 1302 hinter einem tiefen Graben die Ritterschaft von Frankreich. Sowie die Pferde der Ritter über den Graben kamen, hieben ihnen die Metzger, welche im Vordertreffen standen, die Beine ab und schwangen dann jubelnd das Schlachtbeil über dem Kopfe des sinkenden Ritters. Nachdem bereits die Blüte des französischen Heeres bei den vergeblichen Versuchen, die Reihen der Weber, die mit 15 Fuß langen Spießen kämpften, deren Stoß kein Harnisch widerstand, zu durchbrechen, gefallen war, ließ Wilhelm von Jülich das ganze Bürgerheer zum Angriff schreiten; nur schwache Trümmer der französischen Macht konnten sich durch die Flucht retten.

Das Volk nahm nun seine Rache an den Junkern, Grafen und Fürsten, die mit den Franzosen gehalten und jagte sie aus dem Lande. Der Herzog von Brabant und der Bischof von Utrecht konnten nur durch ein Bündnis mit Brügge der Vertreibung entgehen.

Der Franzosenkönig verging fast vor Wut und bot die ganze Macht Frankreichs gegen Flandern auf. Das furchtbare Heer führte er selbst zur Schlacht, welche 1304 bei Mons-en-puelle ungezählten Tausenden das Leben kostete. Wieder führte Wilhelm von Jülich die Bürger, und wieder siegte er, eroberte die große Reichsfahne Frankreichs und König Philipp mußte verwundet vom Schlachtfelde fliehen.

Flandern blieb frei und das Volk von Brabant folgte dem Beispiel der flandrischen Städte. Aus Mecheln, Löwen und Brüssel wurden alle Junker vertrieben und ihre Häuser zerstört. Als der Herzog sich des „Adels" annahm, verschloß das Volk auch ihm die Tore und erkannte ihn erst wieder an, nachdem er 1312 durch die Gesetze von Kortenberg in bündigster Weise alle Forderungen der Bürger anerkannt hatte.

Noch einmal bot das Schicksal Deutschland die Hand, die

alte Größe und Herrlichkeit zurück zu gewinnen, als 1308 Heinrich von Luxemburg, ein edler tatkräftiger Held, zum deutschen Kaiser gewählt wurde. In ihm lebte der Geist der Hohenstaufen. Mit Nachdruck stellte er die Ruhe im Reiche her und legte den Raubrittern das Handwerk. Der Nichtswürdigste unter denselben war der Graf Eberhard von Württemberg. Heinrich VII. erklärte ihn für vogelfrei und die schwäbischen Städte vollstreckten die Acht. Das Stammschloß Württemberg wurde zerstört, Stuttgart erobert und der flüchtige Eberhard von einer Raubburg zur anderen verfolgt.

In Italien hatten das ganze dreizehnte Jahrhundert hindurch die Anhänger des Kaisertums und der Hohenstaufen, die Ghibellinen, mit den Freunden des Papstes und der Franzosen, den Welfen, gekämpft. Mit Recht beschloß daher Kaiser Heinrich 1310, die Herrschaft des deutschen Reiches über Italien zu erneuern und die Schmach der Ermordung des letzten Hohenstaufen zu Neapel im französischen Blute zu rächen.

Aber die deutschen Fürsten waren nur auf Vergrößerung ihrer Hausmacht bedacht, die großen Interessen des Vaterlandes waren ihnen längst entfremdet, ja verhaßt. Daher war das deutsche Heer, mit welchem Heinrich über die Alpen zog, nur klein. Von den mächtigen Fürsten begleitete ihn nur Leopold von Österreich.

Treuer waren die Ghibellinen in Italien. Jubelnd führten sie ihre Truppen dem Kaiser entgegen. Das mächtige Mailand öffnete ihm die Tore, Cremona, welches sich widersetzte, wurde belagert, erobert und zerstört. Auch Brescia mußte mit Gewalt bezwungen werden. Die Bürger von Pavia zogen dem Kaiser entgegen und überreichten ihm die prächtige Kaiserkrone, die einst Friedrich II. hier zurückgelassen hatte. Auch Genua rüstete eifrig für Heinrich.

Aber derselbe verweilte viel zu lange in Oberitalien. Dadurch ließ er dem Anhange des Papstes und der Franzosen Zeit zur Rüstung und „König" Robert von Neapel sandte seinen Bruder Johann von Achaja mit einem starken Heere nach Rom, um die Stadt gegen den Kaiser zu verteidigen.

Dieser zog endlich 1312 gegen Rom, nachdem die Pest einen großen Teil seines Heeees dahingerafft hatte und er gegen eine bedeutende Übermacht kämpfen mußte. Zwar nahm er die Stadt, aber nur auf solange, um sich schnell krönen lassen zu können, dann nötigten ihn neue Angriffe der Feinde, Rom wieder zu verlassen.

Heinrich zog sich mit nur noch 2000 Mann in eine einsame Gegend zurück und bezog ein festes Lager. Doch stand seine Sache keineswegs schlecht. Sein Sohn, König Johann von Böhmen, führte eben ein neues deutsches Heer über die Alpen und die kaiserlich gesinnten Städte in Oberitalien hielten zahlreiche Streitkräfte bereit, um sich demselben anzuschließen.

Der schließliche Sieg des Kaisers über die Anhänger des Papstes und ihr Werkzeug „König“ Robert von Neapel stand außer Zweifel. Das wußten auch die Gegner, daher ließen sie den Kaiser am 24. August 1315 zu Buonconvento von einem Mönche beim Empfange der hl. Kommunion durch eine vergiftete Hostie meucheln.

Dieses Verbrechen bekundet eine solche absolute Gottlosigkeit auf seiten derer, die es begehen ließen, daß es als Beweis gelten kann, daß das Pfaffentum nichts von dem glaubte, was es lehrte, vielmehr ihm zur Erreichung seiner selbstsüchtigen Zwecke nichts zu heilig war, um es zu verletzen, kein Mittel zu ruchlos, um sich dessen zu bedienen.

Deutschlands Hoffnungen waren wieder einmal begraben. Bei der nächsten Kaiserwahl teilten sich die Stimmen, ein Teil wählte Ludwig von Bayern, der andere Friedrich von Österreich. Statt den großen Interessen des Vaterlandes zu dienen, führten beide Krieg miteinander um die Herrschaft. So gefiel es dem Papste und den Franzosen, zumal auch in Italien die fortgesetzten Parteikämpfe das Volk hinderten, mit vereinter Kraft gegen die Quelle des Übels, die geistliche Herrschsucht, Habgier und Unsittlichkeit und die Tyrannei der kleinen Schmarotzerfürsten sich zu wenden.

Für diese kam jetzt wieder die goldene Zeit; kein Kaiser hielt sie mehr im Zügel. Besonders auf die freien Städte hatten sie es abgesehen. Der Markgraf Waldemar von Brandenburg suchte die Stadt Rostock zu überrumpeln, aber die Bürger schlugen seinen Angriff zurück, und weil einige ihrer Stadträte sich vom Markgrafen hatten bestechen lassen, so schlugen sie 1310 auch den ungetreuen Stadtvätern ohne viele Umstände die Köpfe ab. Ebenso schlugen die Magdeburger 1329 ihren tyrannischen Erzbischof Burkhard tot, obgleich der ganze norddeutsche Fürstenbund ihm beistand. Er hatte sich erlaubt, alle Erbschaften im Namen des hl. Mauritius, des Magdeburger Schutzpatrons, einziehen zu wollen, um den ganzen Bürgerbesitz in den bodenlosen Priestersack zu leiten. Der wendische Herzog von Pommern hätte gerne die Stadt Stralsund gehabt, aber obgleich die fürstlichen Nachbarn ihm halfen, siegten doch die Bürger, nahmen sogar 1318 bei einem Ausfalle den Herzog Erich von Sachsen gefangen, welcher ihnen so viel Lösegeld zahlen mußte, daß ein neues Rathaus davon gebaut werden konnte.

Der Graf Gerhard von Holstein hatte 1319 die Ehre, von den Ditmarscher Bauern in die Flucht geschlagen zu werden. Der Papst hatte den Dänen Johann Fursat zum Erzbischof von Bremen ernannt, aber die Bauern wollten keinen Ausländer. Daher wurde Fursat von den Ditmarschen verhöhnt, von den Ostfriesen aber bekam er ganz regelrecht eine so gründliche körperliche Züchtigung, daß er aus dem Lande zum Papste nach Avignon floh. Das wollte der Graf Reinhold von Geldern rächen, aber in der Schlacht bei Vollenhoven unterlag sein Heer 1323 den ostfriesischen Bauern.

Nachdem Ludwig von Bayern 1322 seinen Gegenkaiser Friedrich von Österreich bei Mühldorf besiegt und gefangen genommen hatte, zitierte ihn der Papst, welcher den Habsburger begünstigte, 1323 wie einen Verbrecher nach Avignon zur Verantwortung. Selbstverständlich ging Ludwig nicht hin, da sprach der Papst Johann XXII. den Bannfluch über ihn aus, weil er ohne päpstliche Erlaubnis die deutsche Krone angenommen.

Die Entartung hatte unter dem höhern Klerus bereits solchen Umfang angenommen, daß man die Tugend feindlich behandelte. Selbst die Klöster der Bettelorden führten ein Prasserleben und häuften Schätze zusammen, indem sie auf die Erinnerung an ihre Gelübde heuchlerisch erwiderten: Wir besitzen die Güter nicht, wir verwalten sie nur. Deshalb entstand eine Spaltung unter den Franziskanern, der bessere Teil derselben wollte die Schwelgerei nicht mehr mittun, sondern in Demut und Enthaltsamkeit das abgelegte Gelübde der Armut auch wirklich beobachten. Und deshalb verfolgte sie der Papst, den die fromme Entsagung und Sittenstrenge beschämte, weil er wohl wußte, daß die Verweltlichung und Entsittlichung des Klerus von ihm und den Bischöfen ausgegangen war. Ludwig aber beschützte die strengeren Franziskaner und sie verteidigten ihn in ihren Predigten und hielten trotz des päpstlichen Interdikts Gottesdienst.

Ludwig hatte seinen Sohn mit Brandenburg belehnt, nachdem Markgraf Waldemar ohne Erben gestorben war. Da reizte der Papst Polen und die heidnischen Litthauer, in

Brandenburg einzufallen, wo sie 150 Dörfer verbrannten und scheußliche Grausamkeiten verübten. In seinen Bullen bezeichnete sich der Papst als Herr des deutschen Reiches, und Herzog Barnim von Pommern empfing die Lehen vom Papste, nicht vom Kaiser, und der Papst befahl den deutschen Fürsten, den Franzosenkönig zu ihrem Kaiser zu wählen. Das wäre auch wirklich auf dem Fürstentage zu Rhense geschehen, wenn nicht der Widerspruch des deutschen Ordens und des Erzbischofs von Trier die Schmach noch abgewendet hätte. Das Volk war überall für Ludwig. In Regensburg zwang man die Priester durch Hunger, Gottesdienst zu halten. In Straßburg und Ulm wurde der habsburgisch gesinnte Adel vertrieben und darauf auch in vielen anderen Reichsstädten.

Durch den Beistand der deutschen Bürger wurde Ludwig so stark, daß er mit einem großen Heere nach Italien ziehen und sich zu Rom von zwei Bischöfen krönen lassen konnte. Aber Papst Johann XXII. erklärte Italien für unabhängig von Deutschland. Dieser Papst hinterließ, als er 1334 zu Avignon starb, die für jene Zeit ungeheuere Summe von 18 Millionen Gulden an gemünztem Gelde und 7 Millionen an Kleinodien. Mehr als doppelt so viel hatte er dem Franzosenkönige geschenkt. Kaiser Ludwig hatte sich vergebens erniedrigt, um die Lossprechung vom Banne zu erflehen, auf Betreiben des Papstes erklärten ihn die deutschen Fürsten 1346 für abgesetzt und wählten den Sohn des Böhmenkönigs als Karl IV. zum Kaiser. Allein es war eine schlechte Vorbedeutung, daß bei den Wahlfesten die große Reichsfahne in den Rhein fiel und nicht mehr wiedergefunden werden konnte.

Als der Franzosenkönig bald darauf wieder einmal den Versuch machte, mit einem gewaltigen Heere die flandrischen Städte zu unterjochen, zog auf Befehl des Papstes Kaiser Karl IV. mit den Franzosen gegen deutsche Bürger in den Kampf. Sein Vater Johann der Böhmenkönig, der Herzog von Lothringen und sogar der Graf Ludwig von Flandern mit seinem ganzen Adel stritten ebenfalls aus Haß gegen die Bürgerfreiheit für die Reichsfeinde. Dennoch unterlag Frankreich in der großen Schlacht von Crecy am 26. August 1346.

Karl IV. zog sich in sein Böhmen zurück und war während seiner bis 1378 währenden langen Regierung Böhmens Vater und Deutschlands Stiefvater. Während er die besten Gelehrten und Künstler seiner Zeit an seinem Hofe in Prag versammelte, dort die erste Universität in Deutschland gründete und Böhmen mit Prachtbauten und Kunstwerken füllte, wurden Deutschland und Italien durch Privatfehden und kleine Raubkriege verwüstet.

Die Hansastädte demütigten Schweden und Dänemark, erzwangen sich das Handelsmonopol in den nordischen Staaten und letztere durften keinen König ohne Genehmigung der „Herren von Lübeck" einsetzen.

Der Landgraf Friedrich von Thüringen ließ die Stadt Salza mit 900 Menschen verbrennen und kein Kaiser bekümmerte sich darum. Die Raubritter machten ganz Thüringen unsicher, die Bürger von Erfurt aber zogen gegen sie aus und fingen den Grafen Heinrich von Stolberg und den „Herrn von Werthern" mit mehr als zwanzig anderen Junkern. Vergebens boten sie Lösegeld, die Bürger ließen sie 1342 einfach durch den Henker vom Pferde zum Galgen erhöhen, der Würde des „Adels" entsprechend. Bei der Bischofswahl in Halberstadt blieb es nicht bei Bestechungen, durch blutigen Krieg mit Mord und Brand wurde es ausgefochten, ob Albrecht von Braunschweig, oder der vom Markgrafen von Meißen unterstützte Albrecht von Mansfeld „Bischof" sein solle. Alles natürlich, zur Verherrlichung der „Religion".

Um die Mitte des vierzehnten Jahrhunderts wurde drei Jahre nacheinander in Deutschland und Italien fast die ganze Ernte durch Heuschrecken vernichtet; 1348 verwüstete ein Erdbeben die Inseln des mittelländischen Meeres, Griechenland und Italien und die Alpenländer bis Basel. Ganze Berge stürzten ein, in Kärnthen allein wurden dreißig Dörfer und die Stadt Villach vollständig zerstört. Dazu leuchteten unbekannte feurige Meteore am Himmel, eine große Flammensäule stand gerade über dem päpstlichen Palaste zu Avignon. Basel wurde 1356 durch ein Erdbeben schwer beschädigt.

Eine schreckliche Pest, der schwarze Tod genannt, überzog 1348 und 1349 von Asien aus ganz Europa. Deutschland hatte durch die Seuche besonders zu leiden, die meisten Städte verloren ein Drittel, manche sogar die Hälfte ihrer Einwohnerschaft. In Osnabrück blieben nur sieben Ehepaare ungetrennt. Die Franziskaner-Minoriten verloren allein in Deutschland durch die Pest 124000 Mönche. Wieviel Mönche mag es damals wohl im Reiche gegeben haben!

Das Volk sah in der Pest eine Strafe des Himmels und tat Buße, indem man sich öffentlich blutig geißelte. Die Fürsten aber setzten ihre gottlosen Umtriebe und Raubkriege fort.

Karl IV. scheute kein Mittel, die Wittelsbacher zu verderben, und die Habsburger entrissen ihnen Tyrol auf Anstiften des Kaisers. Ebenso wurde ihnen Brandenburg gestohlen, welches letzterer zum luxemburgischen Familiengute hinzufügte.

Karl IV. hatte sich dem Papste auch in weltlichen Dingen vollständig unterworfen. Daher verzichtete er auf Italien, zog auch nicht an der Spitze eines Heeres nach Rom zur Kaiserkrönung, sondern allein als Privatmann. Wie der Papst ihm befohlen, verließ er noch am Krönungstage die Stadt wieder, zum Zeichen, daß er nicht daran denke, in Rom weltliche Herrscherrechte anzusprechen.

Ungestört konnten die Räubereien im Reiche blühen, der Kaiser hinderte sie nicht, war vielmehr Genosse der Räuber, welche die freien Reichsstädte zu plündern suchten. Bemerkenswert ist, daß auch jetzt wieder ein württembergischer Graf, nämlich Eberhard der Greiner, den Räuberhauptmann spielte. Die kleinen Reichsstädte sollten ihm „huldigen", von den größeren suchte er unter Gaunervorwänden Geld zu erpressen. Aber die Städte erneuerten ihren Bund und schlugen den Württemberger 1360 bei Schorndorf. Doch der Kampf dauerte jahrzehntelang weiter, wobei der Kaiser selbst Ulm belagerte, aber schmählich abziehen mußte. Der nächste Graf von Württemberg, Ulrich, war ein Räuber wie sein Vater, aber die Bürger schlugen ihn 1377 bei Reutlingen. Augsburg und Ulm brachen alle Raubburgen des Adels im weiten Umkreise und da der Bischof auch nur so ein Raubritter war, vertrieben ihn die Augsburger aus der Stadt und zerstörten 1334 seinen Palast. Dasselbe hatten auch die Bürger von Würzburg wieder einmal getan, und der Bischof Albrecht von Hohenlohe belagerte die Stadt vergebens. Der Abt von Reichenau führte Krieg gegen Konstanz und ließ 1368 allen Bürgern, die er gefangen bekam, die Augen ausstechen. Auch Kempten vertrieb 1356 seinen Abt und zerstörte dessen Schloß.

Die kleinen Gräflein von Hohenzollern hätten gerne das Städtchen Rotweil gehabt, aber sie wurden von den Bürgern zurückgeschlagen. Ebenso erging es den Truchsessen von Waldburg, als sie Wangen und Ravensburg erobern wollten.

Damals lebte noch die ganze deutsche Volkskraft in den Bürgern. Das zeigten die Nürnberger dem Burggrafen Albrecht, welcher trotz langer Kämpfe doch die Stadt nicht überwältigen konnte, obgleich alle benachbarten Fürsten ihm halfen. Erfurt wahrte seine Freiheit mit dem Schwerte gegen die mächtigen Landgrafen von Thüringen. Nordhausen widerstand dem Bischofe von Hildesheim und dem Grafen von Mansfeld; nur Passau erlag dem Bischofe Albrecht, der 1367 den Bürgerhauptmann Andreas Koller in einem Sack ertränken ließ.

Die Priesterschaft war wegen ihrer Geldgier und Unsittlichkeit allgemein verachtet. Die Bürger von Worms veranstalteten 1386 ein allgemeines Pfaffenjagen. Sie sperrten alle Priester ein und ließen sie fasten bei peinlicher Züchtigung, ja sie zahlten Geld für jeden Priester oder Mönch, welchen die Bauern ihnen einlieferten. Die Mainzer stritten mit ihrem Erzbischof Siegfried und überfielen ihn bei Nacht, die Bürger von Speier führten Krieg mit ihrem Bischofe Adolf von Nassau, der sie unterjochen wollte. Die Bürger von Metz kämpften mit dem Herzoge von Bar und hielten ihn drei Jahre gefangen. Trier und Koblenz konnten sich der Erpressungen ihres Erzbischofs nur mit dem Schwerte erwehren. Erzbischof Friedrich von Köln machte 1370 wieder einmal den Versuch, die Stadt zu unterjochen, aber die Bürger schlugen seine Kriegsknechte und verbrannten Deutz, von wo aus er sie beschoß.

Albrecht von Braunschweig hatte sich durch Bestechung der Domkapitulare zum Bischofe von Halberstadt gemacht. In der berüchtigten Halberstädter Mordnacht erwürgte und plünderte er 1326 die Bürger. Einen Grafen von Reinstein, den er hinterlistig gefangen, ermordete der „Bischof" eigenhändig. Den höchsten Ruhm erwarben die Bürger von Lüneburg. Herzog Magnus II. von Braunschweig hatte mit großer Übermacht die Stadt bei Nacht überfallen und war schon in dieselbe eingedrungen. Der tapfere Bürgermeister Viscula von Lüneburg war bereits mit vielen Bürgern im Kampfe gefallen, als doch noch der Stadthauptmann Ulrich von der Weißenburg mit dem Reste der Bürger den Sieg erkämpfte. Ein einziger Bäcker erschlug dreißig Ritter. Zuletzt wurden die Ritter in eine Gasse zusammengedrängt, die davon den Namen der roten erhielt und in Masse erschlagen; die Gefangenen gehängt. Da bekamen die Fürsten und Raubritter Respekt und ließen künftig die Stadt in Ruhe.

Bischof Ludwig von Münster kämpfte von 1330—1340 mit der Grafschaft Mark und mit Geldern. Bischof Dietrich von Osnabrück wurde 1363 vom Bischofe Gerhard von Münster besiegt und gefangen. Der Krieg war von den beiden „Hochwürdigsten" mit solcher Wut geführt worden, daß man auf beiden Seiten alle Gefangenen umbrachte. In Breslau mußten die Bürger mit den adeligen Domkapitularen kämpfen und vertrieben sie 1381 aus der Stadt.

In Pommern betrieb sogar der Herzog das hochadelige Gewerbe eines Straßenräubers. Den Herzog von Geldern, der zum deutschen Orden nach Preußen zog, ließ er überfallen und ausplündern. Kaiser Karl IV. schritt nicht dagegen ein und unter seinem Nachfolger Wenzel wurde die Zuchtlosigkeit noch viel ärger. Derselbe wußte nicht einmal in seinem Erblande Böhmen Ordnung zu halten. Die Nationalitätenhetze der frechen Czechen verdrängte 1408 die Deutschen von der Prager Universität und brachte es von 1419—1434 zu jenen Raubzügen und barbarischen Mordbrennereien, welche fälschlich „Hussitenkriege“ genannt werden. Die bereits 1415 erfolgte Hinrichtung des czechischen Rebellen Huß diente dabei dem slavischen deutschfeindlichen Gesindel nur zum Vorwande.

Interessant ist die Stellung Wenzels zu den Juden. Nach dem mosaischen Gesetze müssen die Juden alle fünfzig Jahre ein sogen. Jubeljahr feiern, in welchem alle Schulden erlassen und aufgehoben werden und jeder zu seinem Eigentume zurückkehren soll. Nun hatten die Juden den Vorzug, allein Zinsen nehmen zu dürfen, den Christen war es untersagt. Das benutzte die Nachkommenschaft jenes Jakob, der schon seinen Vater betrog und seinen Bruder bewucherte, zu einem schamlosen Wucher, durch welchen die Judenschaft im Reiche gar wohlhabend und üppig geworden war. Jetzt stieß Wenzel aber die Juden mit der Nase auf ihr Gesetz und forderte Rechenschaft darüber, warum sie kein Jubeljahr mehr hielten. Und zugleich setzte er ihnen aus kaiserlicher Machtvollkommenheit ein Jubeljahr an und erklärte alle bei Juden gemachten Schulden für erlassen, was einen großen Jubel in ganz Deutschland hervorrief. Ein solches „Jubeljahr“ wäre auch heute dringend nötig. Übrigens hatte schon Karl IV., als aus Württemberg schwere Klagen über Judenwucher kamen, 1349 alle Schulden der Schwaben bei der gesamten Judenschaft für erloschen erklärt. Er hatte dies getan unter dem Rechtstitel eines Leibherrn, der über Leben und Gut der Juden verfügen dürfe, da dieselben nur Reichsleibeigene und *kaiserliche Kammerknechte* seien. Bei außergewöhnlichen Bedürfnissen des Reiches pflegte man daher eine besondere Judensteuer auszuschreiben. Dasselbe taten die Fürsten, abgesehen davon, daß schon das Volk gelegentlich den vollgesogenen Schwamm durch Plünderung ausdrückte. Besonders in den Reichsstädten machten die Bürger oft kurzen Prozeß mit den Juden.

Wenzel kannte keinen größeren Feind als Bürgerstolz und Bürgerfreiheit. Ein Reichsbeschluß verbot den Städten die Bündnisse untereinander. Aber Regensburg versagte den Gehorsam und brachte unter Führung seines tapferen Bürgermeisters Hans von Steinach den bayerischen Fürsten und ihrem Adel eine schwere Niederlage bei; 32 Grafen fielen vor den Toren der Stadt, 40 wurden gefangen. Auch Straßburg trotzte der Reichsacht und schlug 1392 ein Reichsheer zurück. Aber Würzburg unterlag jetzt seinem Bischofe Gerhard, 1300 Bürger wurden ermordet, die Stadt 1394 geplündert und ihrer Freiheit beraubt.

In den Niederlanden aber blieben fortgesetzt die Städte mächtiger als Fürsten und Adel. Die Bürger von Löwen warfen 448 Junker in den Kerker und stürzten 17 derselben aus den Fenstern des Rathauses, als der Adel sich gegen die Herrschaft der Zünfte auflehnte. Graf Ludwig II. von Flandern bat die Bürger von Gent um Geld und als sie ihm erwiderten, er solle seine Verschwendungen mäßigen, so habe er schon mehr Einkommen als nötig, raubte er Güter der Kaufleute auf der Landstraße. Da zogen die Genter aus und schlugen die Truppen des Grafen, von dessen Beamten und Werkzeugen gar mancher hängen mußte. Graf Ludwig entkam 1382 nur dadurch, daß er sich zu Brügge von einem alten Weibe im Bette verstecken ließ. Dann rief er Frankreich um Hülfe an. Die Franzosen sandten ein gewaltiges Heer, in der Schlacht bei Rosebecke fiel 1382 Artevelde, der Volksheld von Gent mit 20000 Bürgern, aber trotzdem unterwarf sich Gent nicht. Die flandrischen Bürger behielten ihre alten Freiheiten.

Vom päpstlichen Stuhle ging schweres Ärgernis aus. Siebenzig Jahre, von 1305—1376 hatten die Päpste zu Avignon in Frankreich residiert und die Franzosenkönige mit den Schätzen der Christenheit gemästet. Dann ging Urban V. zuerst wieder nach Rom, Gregor XI. blieb ganz dort, gegen seinen Nachfolger Urban VI. aber erfrechte sich die französische Partei zu Avignon dort einen Gegenpapst unter dem Namen Clemens VII. aufzustellen.

Die beiden Päpste zu Rom und Avignon taten sich nicht nur gegenseitig in den Bann, sondern jeder von ihnen verfluchte auch noch alle Anhänger des anderen in den rohesten Ausdrücken. In Rom folgten schnell nacheinander Boni=

facius IX., Innocenz VII. und Gregor XII.; in Avignon wurde nach des Clemens Tode Benedict XIII. gewählt.

Mit Entrüstung sah die Christenheit den Unfug. Um demselben ein Ende zu machen, setzte das Konzilium zu Pisa 1410 beide Gegenpäpste (Gregor XII. und Benedict XIII.) ab und wählte einen neuen, der sich Alexander V. nannte und noch in demselben Jahre starb. An seine Stelle trat Johann XIII., ein ehemaliger Seeräuber, strotzend von Unzucht und Geilheit. So hatte man jetzt drei Päpste, da die Abgesetzten ungestört weiter regierten und bannfluchten. So tief war das Pfaffentum gesunken, daß man an der Wahl des alten Seeräubers gar keinen Anstoß nahm. Kardinal Peter d'Ailly sagte vielmehr: Die Kirche ist so schlecht geworden, daß ein guter Papst gar nicht mehr mit ihr auskommt; sie kann nur noch durch Bösewichter regiert werden.

Im Jahre 1412 war der Luxemburger Sigismund, König von Ungarn und Kurfürst von Brandenburg, deutscher Kaiser geworden. Er war zwar tatkräftig, aber auch verschwenderisch und leichtsinnig. Daher fehlte es ihm immer an Geld und er verpfändete die Mark Brandenburg dem Burggrafen Friedrich von Nürnberg für 100000 Dukaten.

Sigismund wollte die Verhältnisse der Kirche ordnen und betrieb die Berufung eines allgemeinen Konzils, welches im Herbste 1414 zu Konstanz unter großer Beteiligung zusammenkam. Ganz Europa, besonders aber die germanischen Völker verlangten eine Verbesserung der Kirche an Haupt und Gliedern. Das von den Priestern abgelegte Keuschheitsgelübde sollte zur Wahrheit gemacht, der Vorzug der Italiener bei Besetzung der geistlichen Würden beseitigt und die Herrschsucht und Geldgier der Päpste und Bischöfe eingedämmt werden. Daher verlangten die Deutschen, diese Reformen sollten zuerst festgestellt und gesichert sein und auf Grund derselben dann erst ein Papst gewählt werden.

Davon wollte aber die herrschende Priesterpartei nichts wissen. Ihr kam es allein darauf an, den Skandal der Spaltung zu beseitigen. Daher wußte sie es durchzusetzen, daß die Angelegenheit der Päpste zuerst erledigt wurde. Von diesen war Johann XXIII. persönlich gekommen, die beiden anderen hatten nur ihre Legaten geschickt. Durch die Drohung, über seine Laster zu richten, wurde der alte Seeräuber zur Abdankung veranlaßt. Denn man beschuldigte ihn der Unzucht mit 300 Nonnen, des Ehebruchs mit seiner Schwägerin, der

Sodomiterei und des Meuchelmordes. Die beiden anderen Päpste fügten sich, als nichts mehr zu machen war, legten das dreifache Krönlein nieder und blieben Kardinäle.

Dann wurde 1417 unter dem Namen Martin V. ein italienischer Kardinal zum Papste gewählt. Dieser wußte, gestützt auf Italiener, Franzosen und Spanier, jede greifbare Abstellung von Mißbräuchen zu hintertreiben und löste dann das Konzil auf. Als der Papst Konstanz verließ, begleiteten ihn der Kaiser und alle Großen des Reiches, 40000 zu Pferde. Vor lauter Festen und Gastmählern vergaß man jede Reform. Und der Kaiser vergaß auch, die schweren Schulden zu bezahlen, die er in Konstanz gemacht hatte.

Die Reformation der Kirche an Haupt und Gliedern wurde einem späteren Konzil vorbehalten, welches von 1431 bis 1443 zu Basel gehalten wurde. Dasselbe verbot das Halten von Weibspersonen in den Häusern der Priester, Schmausereien und Jahrmärkte in den Kirchen u. dergl. mehr. Als es aber auch erklärte, ein allgemeines Konzil stehe über dem Papste, als es demselben eine Kontrolle an die Seite setzen wollte, um dem Nepotismus (der „Versorgung" päpstlicher Verwandten und Bastarde) vorzubeugen, da war schon Feuer im Dache. Der Papst protestierte gegen die Beschlüsse des Konzils und erklärte dasselbe für aufgelöst. Das Konzil aber nahm die Auflösung nicht an, erklärte in der 33. Sitzung am 16. Mai 1439 den Papst für einen Ketzer, und setzte ihn am 25. Juni 1439 ab wegen Simonie, Meineid, Verletzung der Kirchengesetze und schlechter Amtsverwaltung. Zugleich wählte man den Herzog Amadeus von Savoyen unter dem Namen Felix V. zum Papste. Allein derselbe fand nur wenig Anerkennung und als das Konzil 1443 seine Sitzungen schloß, waren seine Reformversuche bereits großenteils begraben. Die Dirnen sind an vielen Orten heute noch in den Häusern der Priester und sie werden auch darin bleiben, bis das Volk oder der Staat sie austreibt; der Hierarchie fehlt dazu die sittliche Kraft und der ehrliche Wille.

Das Volk war erbittert über das Scheitern seiner Hoffnungen, aber es mußte schweigen, da sich kein kraftvoller Kaiser mehr der priesterlichen Korruption entgegenstellte. Nach dem Tode Sigismunds kamen mit Albrecht II. seit 1438 wieder die Habsburger auf den Thron, deren Grundsatz es war, Hand in Hand mit Rom zu gehen. Unter der von 1440—1493 währenden schwachen Regierung Friedrichs III., der nicht einmal in seinen österreichischen Erblanden viel galt, sank die kaiserliche Autorität immer mehr.

Italien blieb sich selbst überlassen. Hier herrschten die großen Städte und entwickelten sich wie Pisa, Genua und Venedig zu mächtigen Republiken, deren Flotten Jahrhunderte lang das Mittelmeer beherrschten. In den Binnenstädten rissen reiche Familien die Gewalt an sich, in Florenz die Medici, in Mailand die Visconti, in Padua die Carrari, in Verona die Scaligeri, in Mantua die Gonzagas usw. Auch diesen fiel es nicht ein, den Päpsten unbequem zu werden. Die inneren Kriege mit dem nächsten Nachbar um ein Städtchen oder um ein paar Dörfer nahmen die volle Aufmerksamkeit in Anspruch.

Päpste und regierende Bischöfe konnten ganz nach ihren Gelüsten leben und im fünfzehnten Jahrhundert versumpften sie immer mehr, wie auch in Deutschland die Fürstlein. An die Stelle der heldenkühnen Tatkraft des Mittelalters trat träge Unsittlichkeit und Schwelgerei. Dabei nahm die Tyrannei nach unten, die Mißachtung der Menschen- und Bürgerrechte, bei geistlichen und weltlichen „Oberen“ fortgesetzt zu.

III.

## Hexenbulle und Hexenhammer, die erhabensten Denkmäler der Ehrlichkeit der Priesterschaft.

> „Hütet euch vor den falschen Propheten, die in Schafskleidern zu euch kommen, inwendig aber reißende Wölfe sind."
> Matth. 7, 15.

Um die Mitte des fünfzehnten Jahrhunderts gehörte bereits in den deutschen Erblanden der Habsburger der dritte Teil des Grund und Bodens der Kirche. Und ähnlich so war es in ganz Deutschland und in Italien, abgesehen von den großen Ländergebieten der regierenden Bischöfe. Aber das war den Priestern noch immer nicht genug. Jedes Mittel war ihnen recht, wenn es nur Geld einbrachte.

Große Päpste, welche den Gottesstaat auf Erden verwirklichen und alle menschlichen Verhältnisse nach der Lehre des Evangeliums einrichten wollten, gab es im fünfzehnten Jahrhunderte nicht mehr. Sixtus IV. ging so weit, für gute Bezahlung einen Bastarden Ferdinands V. von Arragonien schon im Alter von sechs Jahren zum Bischof von Saragossa zu ernennen, damit der Bankert versorgt war. Ein Hauptanliegen der Päpste dieser Periode war es überhaupt, ihre Verwandten, Vettern, Basen und sonstigen Anhang, ganz besonders aber ihre Bastarde, mit kirchlichen Würden auszustatten.

Nackt und offen lief das Laster umher. Ohne Scham nannten sich die Bastarde Söhne des Papstes und der Fürsten; wahrscheinlich damit das Volk wisse, worin die angeblich „von Gott gesetzte Obrigkeit" ihren Daseinszweck erblickte. Auch Sixtus IV. gab seinen Neffen usw. große Gebiete und die wichtigsten Ämter und machte Burschen in den Flegeljahren zu Kardinälen, so unwürdig und schlecht sie auch waren. Dabei gestattete er Wucher und Unzucht für Geld, und errichtete im Interesse seines Geldbeutels in Rom öffentliche Bordelle.

Das alles erregte großen Unwillen bei allen rechtschaffenen Christen. Aber wer irgend eine Opposition wagte, wurde boshaft zugrunde gerichtet. Das galt selbst für hohe Würdenträger der Kirche. Andreas, Erzbischof von Krain, war empört über die Laster seiner Amtsbrüder und der Päpste. Er predigte daher 1482 zu Basel öffentlich gegen ihr Treiben und verlangte ein allgemeines Konzil. Aber da wurde er wie ein Ketzer mit dem Banne belegt, verlassen, gefangen und im Kerker gemeuchelt.

Alle, welche nicht jede Schlechtigkeit für Tugend erklärten, welche ein Priester, Bischof oder Papst beging, waren „Ketzer". Die Inquisition, anfänglich dazu bestimmt, wirkliche Irrlehren und Feinde des Glaubens unschädlich zu machen, war, besonders seitdem sie in die Hände der Dominikaner gekommen war, ein verruchtes Willkürinstitut geworden. Denn wenn damals Johann von Goch schrieb: „Was der Teufel selbst sich nur zu denken schämt, das **tun** die Mönche," so galt dieses von den Dominikanern an erster Stelle. Sie waren in jeder Gaunerei bewandert, auch perfekte Wunderfabrikanten, verstanden es sogar, steinerne Madonnen weinen zu lassen, wie 1509 zu Bern. Aber da waren sie freilich entlarvt und der Dominikaner Jezer mit vier Genossen verbrannt worden.

Doch das war eine seltene Ausnahme. Gewöhnlich besorgten die Dominikaner das Verbrennen selbst und sie verbrannten alle, deren Vermögen sie sich aneignen wollten, sobald sie glaubten, daß die betreffende Person schutzlos genug sei, um gegen sie etwas wagen zu können.

Wo die Inquisition einmal eingeführt war, konnte man jeden Beliebigen zum Ketzer machen. Der Angeklagte wurde verhaftet, ohne daß ein Verteidiger für ihn wirken durfte. Zugleich wurde schon bei Beginn der Untersuchung sein Vermögen zur Deckung der Kosten konfisziert: **in der Regel der Hauptzweck des ganzen Verfahrens.** Ankläger und Zeugen wurden dem Angeklagten nicht genannt. Er wurde gefoltert, bis er entweder auf der Folter starb oder zu allem ja sagte, was der Inquisitor fragte, auch alle als Mitschuldige bezeichnete, deren Namen man ihm zu diesem Zwecke nannte.

Dann wurde er mit letzteren öffentlich verbrannt. Da bei einer Verurteilung wegen Ketzerei zugleich die Kinder, Eltern und sonstige Verwandten des „Ketzers" für ehrlos erklärt wurden, so konnten sie nicht erben und das Vermögen des Verurteilten bekam hier der „Landesherr", dort die Kirche, in der Regel aber letztere.

Allein es gab zum bitteren Verdrusse der „Hochwürdigsten" in der gottlosen Welt selbst für die Inquisition Hindernisse. Dieselbe wurde nicht überall geduldet. In Deutschland sah die große Masse der von der Volksaussaugung lebenden kleinen Fürsten, Grafen und sonstigen „regierenden" Junker ohnehin mit bitterem Neid auf den großen Besitz der Priesterschaft, und mehrfach war schon selbst auf Reichstagen über das viele Geld gejammert worden, welches aus dem deutschen Reiche nach Rom wanderte. Das hätten die adeligen Schmarotzer doch lieber selbst dem Volke ausgesogen.

Bei dieser starken Konkurrenz in der Spekulation auf die Wolle der Schafe hatte die Inquisition in Deutschland nie so recht Boden fassen können. Aber auch selbst in den freien italienischen Republiken hatte man keine Lust, durch ein solches Radikalschröpfinstitut die Macht der Klerisei noch zu vermehren. In Venedig z. B. machte man das Geschäft selbst. Die Inquisition daselbst war durchaus Staatsinstitut, durch welches die herrschende Aristokratie ihre Feinde unschädlich machte. Der Papst hatte nichts dabei zu sagen und er bekam auch nichts von dem konfiszierten Vermögen der in Venedig hingerichteten oder unter den Bleidächern des Kerkers verschmachteten „Ketzer".

Ähnlich so war es in Spanien, wo die Inquisition übrigens am schauderhaftesten wüten konnte. Von 1480—1495 wurden dort über 8000 „Ketzer" lebendig, 6500 im Bilde verbrannt und über 90000 mit anderen schweren Strafen (Geißelung bis zur Verkrüppelung des Körpers oder lebenslängliche Galeere) belegt. Und so ging es dort fort bis zum Schlusse des achtzehnten Jahrhunderts. Doch sind diese Greuel nicht einmal zum größeren Teile auf das Konto der Priesterschaft zu schreiben. Freilich konnte in jenen Jahrhunderten betreffs Spaniens niemand sagen, wo die Kirche aufhört und der Staat anfängt. Diese beiden Geschäftsfirmen handelten in allem durchaus gemeinschaftlich, sie hatten gleiches Interesse und teilten den Gewinn. Aber in der Hauptsache war doch in allen spanischen Ländern die Inquisition ein Staatsgericht. Alle, welche dem absolut herrschenden Könige und seiner Regierung unbequem waren, alle, welche die Rechte und Verfassungen der einzelnen Landesteile verteidigten gegen die Tyrannei der Zentralgewalt, waren ebenso gut „Ketzer" und wurden als solche gefoltert, gemeuchelt und verbrannt, wie die wirklichen Feinde der Religion und die Gegner der priesterlichen Herrschsucht, Habgier und Unsittlichkeit. Das Vermögen der Ketzer aber zog in Spanien der Staat ein.

Daß die Inquisition nicht überall unbeschränkt wüten konnte, empfanden die Päpste um so schmerzlicher, je schlechter sie wurden. Mußte man doch ein unfehlbares Mittel haben, den ehrlichen Leuten den Mund zu stopfen, damit sie nicht über die Unzucht, Dirnen und Bastarde der Päpste, Bischöfe und Priester redeten. Und was konnte diesen „Hochwürdigsten" lieber sein als eine solche Handhabe, ihrer brennenden Rachgier zu fröhnen, alle Eltern martervoll zu meucheln, welche der priesterlichen, junkerlichen und fürstlichen Geilheit ihre Töchter nicht willenlos opferten, sowie auch alle Mädchen, welche sich nicht hergeben wollten.

Die „Heiligkeit" des apostolischen Stuhles wünschte ein solches Mittel auch dort zu haben, wo man die Inquisition nicht duldete. Und da die „Weisheit" dieser „Stellvertreter Christi" unerschöpflich ist, erfand sie auch einen Rettungsweg.

Innocenz VIII., einer der geilsten und sinnlichsten Subjekte seiner Zeit, wurde im Herbste 1484 zum Papste gewählt, obgleich die Zahl seiner Dirnen ebenso bekannt war, wie seine sechszehn Bastarde. Mancher fragt da wohl, wie konnte ein so schlechter Mensch Papst werden? Nun, viele der Kardinäle waren auch nicht besser und zudem waren sie gewohnt, denjenigen zu wählen, der am meisten bezahlte.

Es ist nun wohl selbstverständlich, daß für diesen Genuesen Innocenz VIII. die gesamte Religion, Gott und Teufel, seine Dirnen und ihre Brut waren. Ein so im Schlamme der Unzucht steckendes Individuum ist überhaupt allen höheren Gefühlen entfremdet. Das zeigte er dann auch sofort durch die Schamlosigkeit, mit welchen er sein Amt dazu mißbrauchte, die sechszehn Bastarde zu versorgen und zu bereichern.

Aber darüber wurde viel gespottet und das war dem „heiligen Vater" unbequem. Letzteres um so mehr, als infolge der Erfindung der Buchdruckerkunst ein frischer freier Zug der Kritik und Opposition durch die gelehrten Kreise ging. Welche „Gefahr", wenn diese Bewegung auch die Volkskreise erfaßte, zumal für Deutschland, wo die päpstliche Inquisition nicht geduldet wurde.

Und da erließ denn Innocenz VIII. kurz nach seiner Wahl unterm 5. Dezember 1484 die Bulle Summis desiderantes affectibus. In dieser sagt er, zu seiner ungeheuren Betrübnis habe er erfahren, daß in vielen Teilen Deutschlands, besonders in den Provinzen und Städten der Bistümer von Mainz, Köln, Trier, Salzburg und Bremen, sehr viele Personen beiderlei Geschlechts, vom christlichen Glauben abfallend, mit Hülfe der Teufel, welche sich sowohl in männlicher wie weiblicher Gestalt mit ihnen geschlechtlich vermischen, Zauberei treiben. Durch letztere ersticken und verderben sie die Kinder der Weiber und die Jungen der Tiere, die Früchte der Erde, der Reben und der Bäume, Männer und Frauen, großes und kleines Vieh, Weinberge und Obstgärten, Wiesen und Felder. Sie plagen Menschen und Tiere mit grausamen Schmerzen innen und außen, rauben die Zeugungsfähigkeit und den Weibern die Empfänglichkeit. Sie schließen ein Bündnis mit dem Satan und verleugnen den Glauben, den sie beim Empfange der heiligen Taufe angenommen haben. Deshalb habe er, der Papst, die beiden Dominikaner Heinrich Krämer und Jakob Sprenger zu Richtern mit unbeschränkter Vollmacht zur Ausrottung jener Hexen und Hexenmeister bestellt und er befehle bei Strafe des Bannes, denselben kein Hindernis in den Weg zu legen. Die Bulle findet sich in der Sammlung Magnum Bullarium Romanum. Lyoner Ausgabe von 1692, Bd. I, S. 443.

Das Raffinement des Machwerks ist bezeichnend für seine Urheber. Bei den Ketzerprozessen hatte man Sorge für die Reinheit der Glaubenslehre, das „lautere Evangelium", vorgeschützt. Das zog nicht mehr; die Völker hatten allmählich den Schwindel durchschaut und gemerkt, daß es sich dabei in Wirklichkeit um ganz andere Dinge, um die sehr weltlichen Interessen der Herrschsucht, Habgier und Unsittlichkeit geistlicher und weltlicher Machthaber, um die Bekämpfung der Menschen- und Bürgerrechte handelte.

Daher spannte der Papst als Repräsentant des Aberglaubens jetzt die Selbstsucht des Einzelnen als Zugochsen vor den menschenfeindlichen Schwindelkarren. Er will die Leute ja schützen, damit sie nicht „behext" werden. Er rechnete darauf, daß bei solcher Spekulation auf die Dummheit das Geschäft noch einmal blühen könne. Hatte er ja doch die gemeinsten

Gefühle des Menschenherzens zu seinen Verbündeten angenommen; jene Bosheit, die stets bereit ist, dem Nächsten Böses anzudichten, den Neid und die Rachsucht, denen er ein Mittel bot, jeden Gegner zu verderben.

Unter solchen **Umständen** verließ er sich darauf, daß die Haltlosigkeit des Schwindels nicht weiter geprüft werde. Vernünftige Leute hätten ja sonst fragen müssen, woher der „Stellvertreter Christi" denn die reizende Entdeckung habe, daß es unter den angeblichen Teufeln männliche und weibliche Wesen gebe, ob er sie vielleicht „untersucht", oder selbst bereits die Probe mit ihnen gemacht habe.

Nach Lehre der Kirche soll der angebliche Teufel ein Geist sein. Ein Geist hat aber doch keinen Leib, also auch keine Geschlechtsteile. Folglich war es eine bodenlose Gaunerei, es nur als möglich zu bezeichnen, daß mit dem angeblichen Teufel ein geschlechtlicher Umgang überhaupt ausführbar sei. Dafür ist die Weisheit der hl. römischen Kirche sowohl, wie diejenige sämtlicher protestantischen „Landeskirchen" bisher den Beweis schuldig geblieben.

Daß der Papst die sämtlichen schwindelhaften Behauptungen seiner Lügenbulle als der schlechteste Verbrecher aller Völker und Zeiten **wider besseres Wissen** aufstellte, bekundet er in derselben selbst. Er bedroht darin nämlich ausdrücklich diejenigen, die mehr wissen wollen, **als sich zu wissen gebührt.** Damit spricht er klar aus, es gebührt euch nicht zu wissen, daß das ganze in der Bulle erdichtete Verbrechen der Teufelsbuhlschaft gar nicht begangen werden kann, daß der ganze Inhalt der Bulle Lug, Trug und Schwindel ist. Es ist reizend, wie sowohl klerikale Gerichtsschreiber wie die Staatsprofessoren um diesen Kern der ganzen Sache herumschleichen. Das Volk soll nicht darüber aufgeklärt werden, bis zu welcher Schlechtigkeit die Firmen, welche sie vertreten, sinken können.

Darum tritt man der Frage, ob jener Unzüchtige nur selbst geglaubt haben könne, was er in seiner Bulle behauptet, gar nicht näher. Man müßte sonst eingestehen, daß noch nie ein Irrer so verrückt gewesen, solchen Blödsinn zu erfinden. Das konnte nur von jemand, der die Pflege und Ausbeutung des Aberglaubens gewerbs- und gewohnheitsmäßig betrieb, wider besseres Wissen durch Machtspruch unter dem Verbote jeder Prüfung und Kritik der Menschheit aufgeladen werden.

Wir haben im vorigen Abschnitt an zahlreichen Beispielen gezeigt, wie tief die geistlichen wie auch die weltlichen Gewalthaber jener Zeiten gesunken waren. Diesen Leuten lag wahrlich nichts ferner, als für einen Gott zu streiten oder einen Teufel zu bekämpfen. Sie hatten überhaupt gar keine Religion; alles derartige war ihnen nur Vorwand und Geschäftssache.

Hätten sie nur selbst an die Möglichkeit geglaubt, durch den „Teufel" etwas erreichen zu können, wie würden sich Päpste und Könige, Bischöfe und Fürsten mit ihrem höllischen Meister verbündet haben, um ihr Geld und ihren Besitz zu vermehren. Es wäre auch viel eher der Mühe wert gewesen, durch den Teufel eine Entscheidungsschlacht zu gewinnen und ein Reich zu erobern, als eine Kuh zu behexen oder einmal hageln zu lassen.

Gerade die Tatsache, daß die Machthaber selbst die guten Dienste der angeblichen höllischen Majestät niemals in Anspruch nahmen, zeigt zur Genüge, daß sie wohl wußten, daß dieses gar nicht ausführbar war.

Wenn es dem schmutzigen Innocenz VIII. wirklich darum zu tun gewesen wäre, für Gott zu streiten, so hätte er selbstverständlich den Teufel in seiner persönlichen Geilheit, in seinen Dirnen und seinen sechszehn Bastarden bekämpfen müssen. Aber das fiel ihm gar nicht ein.

Die wissenschaftlichen und journalistischen Stiefelputzer derjenigen, die zu allen Zeiten auf die Dummheit des Volkes spekulierten, möchten das schauderhafte Kapitel mit der Phrase „Aberglauben" abtun. Aber woher kommt denn dieser Aberglaube?

Die heidnischen Deutschen hatten ihn nicht, sie kannten keinen Teufel und keine Hexen. Wohl hatte das Heidentum, besonders im Morgenlande, seine „Zauberer," welche, angeblich durch die Kraft der Götter, ungewöhnliche Dinge verrichteten, Träume auslegten und wahrsagten. Aber dieselben standen mit keinem „Teufel" im Bunde. Im Gegenteil, die Zauberer waren in der Regel die Priester des Landeskultus, oder standen denselben wenigstens nahe. Im Interesse ihrer Kaste beuteten sie die Menschen aus; sie hatten unter dem Altare ihre verborgenen Türchen und verzehrten das Futter und tranken die Weine, welche den Göttern geopfert wurden. Im übrigen aber waren ihre Volkstäuschungen ziemlich harmlos.

Die Zauberer standen im hohen Range und gehörten nicht selten zum Hofstaate der Könige. Um mehr Eindruck auf das Volk zu machen, wurde zuweilen ein hübsches Mädchen als ihr Haupt und ihre Sprecherin aufgestellt.

Die Magierkönigin Persiens lehrte von ihrem Throne herab die Eigenschaften der Pflanzen und den Lauf der Sterne. Die verschiedenen Sibyllen, welche in Kleinasien, in Griechenland, zu Delphi und in Italien weissagten, deren Bücher das alte Rom so hoch in Ehren hielt, galten als reine wohlgesinnte Jungfrauen, denen niemand ein Bündnis mit einem bösen Geiste, oder die Absicht, anderen zu schaden, zuschrieb. Auch die ersten christlichen Jahrhunderte hatten ihre weissagenden Jungfrauen, deren Aussprüchen verschiedene Kirchenschriftsteller Glaubwürdigkeit beilegen, wie Justinus, Athenagoras, Theophilus, Clemens Alexandrinus, Lactantius und andere.

Diese Erscheinungen nahm das Christentum von Juden und Heiden an. Aber das Heidentum war nicht so tief gesunken, daraus eine religiöse Fiktion zu entwickeln, welche den Vorwand lieferte, hunderttausend Unschuldige auf die grausamste Weise zu Tode zu martern, indem man sie der fleischlichen Buhlschaft und Kindererzeugung mit einem angeblichen Geiste, dem sog. „Teufel", beschuldigte.

Das war der Priesterschaft jenes Christentums vorbehalten, welches sich als vom „Gotte der Liebe" gestiftet und „vom heiligen Geiste geleitet" ausgibt.

Nur in den verdorbensten Zeiten des römischen Kaisertums wurden kurze Zeit die angeblichen Zauberer und Wahrsagerinnen verfolgt. Dieses aber nur deshalb, weil ihre Aussprüche unbequem wurden. In ihren Prophezeihungen vom bevorstehenden Untergange des Reiches gab sich die allgemeine Unzufriedenheit mit der herrschenden Mißregierung kund. Das wollte man nicht hören. Diese Verfolgungen hörten aber sofort wieder auf, als deutsche Stämme in Italien einwanderten und die Landesregierung in die Hand nahmen.

Das longobardische Gesetzbuch des Königs Rotharis erklärt ausdrücklich, Zauberei sei unmöglich und verbot daher, dieselbe zu bestrafen. Soviel gesunden Menschenverstand hatten die Deutschen aus ihrem Heidentum mitgebracht.

Auf demselben Standpunkte stand die Kirche in ihren besseren Zeiten. Papst Nikolaus I., welcher 867 starb, tadelt in einem Erlasse an den Fürsten der Bulgaren unbedingt den Gebrauch der Folter und bekennt, daß dieselbe in keinem Falle ein geeignetes Mittel sei, die Wahrheit zu erforschen, vielmehr nur dazu diene, Unschuldige zu verderben und aller Schlechtigkeit Tür und Tor zu öffnen.

Das haben auch alle Päpste, alle Könige und alle Fürsten, welche foltern ließen, jederzeit gewußt. Wer das Gegenteil behauptet, lügt einfach wider besseres Wissen. Denn es ist ihm wohl bekannt, daß er selbst sich zu allem schuldig bekennen müßte, wenn man an seinem eigenen Körper die Foltergeräte spielen ließe. Jeder Papst und jeder König wußten auch, daß sie weder einen Gott noch einen Teufel hatten, der ihren Leib gegen Peitsche und Feuer, gegen Schrauben und Winden, gegen Hunger und Durst widerstandsfähig und empfindungslos gemacht hätte.

Der große Papst Gregor VII. fordert in einer kirchlichen Entscheidung in der zweiten Hälfte des elften Jahrhunderts, die Fürsten, speziell den König von Dänemark, auf, nicht zu dulden, daß irgendwo bei Unwetter und Seuchen angebliche Zauberinnen dafür verantwortlich gemacht würden, da diese Weiber unschuldig seien und solche Zauberei gar nicht in den Bereich der Möglichkeit gehöre. (Näheres darüber in Neander, allg. Gesch. der christl. Religion u. Kirche 3. Aufl. Band 2 Seite 170 und 380.)

Dasselbe erklärte noch im Jahre 1310 eine Kirchenversammlung zu Trier, indem sie die ganze angebliche Hexerei als Trug und Schwindel, als sündhaften Aberglauben bezeichnete. Diese Zeugnisse sind höchst wichtig zur Feststellung der Tatsache, daß Innocenz VIII. mit seinen Schergen wider besseres Wissen handelte und ex cathedra die Kirche in einen Irrtum geführt hat, der ihr vorher fremd war.

Die Kirche lehrt, der Papst sei unfehlbar. In diesem Falle hat aber tatsächlich Innocenz VIII. etwas Falsches gelehrt und zwar aus Bosheit und tückischer Spekulation. Denn wenn die Priesterschaft, die heute selbst nicht mehr den Mut hat, für den Inhalt derselben Hexenbulle einzutreten, auf Grund welcher ihre Vorväter die Leute unschuldig gemeuchelt, sagen wollte, jener Bastardenbesitzer hat sich getäuscht, so schlägt sie das Fundament ihrer Firma in Trümmer.

Die Kirche wird ja angeblich vom heiligen Geiste geleitet, welcher es unmöglich machen soll, daß ein Papst, auch wenn er ein schlechter Mensch ist und wie Innocenz VIII. sechszehn Bastarde hat, aus Irrtum etwas Falsches für die ganze Kirche in Sachen des Glaubens und der Sitte behauptet.

Die Hexenbulle aber ist im hohen Grade eine Entscheidung ex cathedra. Denn da die kirchliche Lehre nur einen allgemeinen „Teufel," nicht für jedes Land einen Nationalteufel mit besonderen Eigenschaften hat, so gilt dasjenige, was die Hexenbulle über den Teufel und seine „Geschlechtsverhältnisse" sagt, nothwendig für die ganze Kirche. Und wie weit der Mensch mit dem angeblichen Teufel in Verbindung treten .ann, ist durchaus Sache des Glaubens und der Sitte.

Erst als die Päpste anfingen, sittlich schlecht zu werden, mußte ihnen die wider besseres Wissen erfundene und erdichtete Fiktion der Hexerei als Vorwand zu Verbrechen dienen. Papst Johann XXII. ließ schon im Anfange des vierzehnten Jahrhunderts einem die päpstlichen Laster bekämpfenden Bischofe lebendig die Haut abziehen unter der Anklage, er sei ein Zauberer. Zu gleicher Zeit meuchelte der schlechte Clemens V. unter demselben Vorwande den um die Christenheit so verdienten Orden der Tempelherren.

In Deutschland wußte man aber das ganze Mittelalter hindurch noch nichts von Hexenprozessen. Denn wenn auch die meisten Bischöfe weltlich gesinnt waren, so stand doch im allgemeinen das kirchliche Leben, besonders in den freien Städten, in hoher Blüte. Ein solcher Mißbrauch der Religion war hier nicht so leicht.

Aber auch noch als Innocenz VIII. die Hexenbulle erlassen, regte sich in Deutschland mancher Widerstand. Doch der Papst wollte seine Beute nicht fahren lassen. Daher wandte er sich an den deutschen Kaiser Maximilian I. um Beistand. Und dieser erließ denn mit habsburgischer Gefälligkeit am 6. November 1486 von Brüssel aus ein Dekret, in welchem er die Hexenbulle förmlich anerkannte und allen Reichsangehörigen die Unterstützung der Hexenrichter befahl.

In Brixen war Heinrich Krämer von dem Bischofe Georg Golser, welcher die Niederträchtigkeit des ganzen Treibens durchschaut hatte, 1485 aus seinem Bistum verwiesen worden. (Näheres in L. Rapp, Die Hexenprozesse und ihre Gegner in Tyrol. Innsbruck 1874 Seite 5.) Auch sonst hatten in Süddeutschland und am Rhein viele Gelehrte geistlichen und weltlichen Standes die Hexerei für unmöglich und die Opfer dieser Prozesse für unschuldig erklärt. Aber jetzt, nachdem auch der Kaiser den Schergen der Bettelmönche die weltliche Macht zur Verfügung gestellt, mußte jeder Widerspruch verstummen. Wer noch Opposition machte, stand in Gefahr, selbst als Hexenmeister und Teufelsbuhle dem Scheiterhaufen zu besteigen.

Inzwischen hatten die beiden Inquisitoren Krämer und Sprenger schon 1487 ein Instruktionsbuch für die Hexenprozesse unter dem Namen Malleus maleficarum, der Hexenhammer, verfertigt. Darin bekennen sie, daß sie bis dahin schon, allein am Bodensee in fünf Jahren 48 und in der Gegend von Bormio in einem Jahre 41 „Hexen" verbrannt hatten.

Sprenger war Professor der Theologie und Prior der Dominikaner in Köln. Die Universität zu Köln sollte ihm helfen, seinem Hexenhammer den wissenschaftlichen Stempel aufzudrücken. Und in der Tat, dieselbe gab sich dazu her. Die theologische Fakultät der Kölner Universität gab 1487 dem Hexenhammer die Approbation.

Der „Hexenhammer" ist das schamloseste, gemeinste und in seinen Folgen verderblichste Buch, welches jemals geschrieben wurde. Daß seine Verfasser wider besseres Wissen handelten, lassen sie deutlich durchblicken. Zudem müssen die beiden Dominikaner zu den unzüchtigsten Menschen ihrer Zeit gehört haben, denn ihren Incubus und Succubus, die fleischliche Vermischung des Menschen mit Teufeln „männlichen oder weiblichen Geschlechts", schildern sie in einer Weise darin, welche deutlich zeigt, welche Rolle bei ihnen die Geilheit spielte.

Der erste Teil des Hexenhammers behandelt das Wesen der Zauberei und Hexerei, der zweite die Wirkungen derselben, und der dritte die Verfolgung und Bestrafung. Dabei ist die Folter Hauptsache.

Gleich im Anfange wird das ganze weibliche Geschlecht geschmäht und verdächtigt. Der lateinische Ausdruck für Weib femina wird von Sprenger als fe mina dahin gedeutet, daß das Weib weniger Glauben habe, und schon von Natur zur Buhlschaft mit dem Teufel neige.

Nach dem Hexenhammer ist Gott nichts und der Teufel alles. Nach Sprengers Behauptung genügt kein Gebet, keine Segnung der Kirche, nicht einmal das Sakrament des Altars, zum Schutze gegen den Teufel und seine Hexen.

Unter der Firma „Zauberer und Hexen" sollten alle Gegner der Priesterschaft vernichtet werden. Das Verfahren sollte die Inquisition ersetzen. Darum heißt's im Hexenhammer: Zauberei bedeutet, male de fide sentiendo d. h. „schlecht über den Glauben urteilen." Dabei muß nicht außer acht gelassen werden, daß unter „Glauben" in der Praxis bei diesen Leuten Person und Interesse des Priesters gemeint sind. Jeder, welcher also über priesterliche Unzucht oder sonst über Mißbräuche ein freies Wort sprach, war reif für Folter und Scheiterhaufen.

IV.

## Die angeblich „von Gott gesetzte" Obrigkeit in ihrer höchsten Glorie. Das Prozeßverfahren. Die Folterarten und ihre Anwendung.

„Wehe euch, ihr Heuchler, ihr gleichet übertünchten Gräbern, die auswendig schön, inwendig aber voll Moder und Gestank sind." Matth. 23, 27.

Dem Kaiser Maximilian scheint es doch nicht ganz wohl bei der Sache gewesen zu sein. Noch 1508 wandte er sich an den Abt Trithemius um die Beantwortung einiger theologischen Fragen. Darunter heißt es:

„Warum können die Hexen den bösen Geistern befehlen, während die guten Christen weder den guten noch den schlechten Geistern zu befehlen vermögen?"

„Woher haben die Hexen die Gewalt, so vieles und wunderbares zu tun, selbst in kürzester Zeit, was kein guter Mensch in seinem ganzen Leben tun könnte?"

„Warum läßt der gerechte Gott solche Zaubereien zu, durch welche so viele unschuldige Menschen elend umkommen?"

Aber der Abt wußte die Fragen in einer Weise zu beantworten, daß der Kaiser den Bettelmönchen kein Hindernis bereitete.

Und bald waren es die Bettelmönche nicht mehr allein. Gar manche „Obrigkeit" fand, daß in den Hexenprozessen wahrhaft ein Radikalmittel gegen jede Opposition im Lande geboten wurde. Jetzt war es leicht, jeden Feind zu vernichten; die Anleitung zum Prozeßverfahren, wie sie der Hexenhammer gab, machte das Ding spielend bequem.

Denn letzterer hob alle Garantien eines gerechten Verfahrens, wie sie auch für den größten Verbrecher bestanden, bei den Hexenprozessen einfach auf. Bisher waren drei Zeugen nötig, um jemand eines todeswürdigen Verbrechens anzuklagen. Der Hexenhammer aber erklärte, zu einer Anklage als Hexe sei das Gerücht schon ausreichend, auch könne in diesen Prozessen schon ein achtjähriges Kind genügendes Zeugnis ablegen.

Was weiter dazu einlud, recht viele Hexenprozesse anzustellen, war die Bestimmung im Hexenhammer, daß das Vermögen aller Zauberer und Hexen ohne jede Rücksicht auf Kinder und Erben dem Gerichtsherrn zufalle, gerade wie es schon bei den Ketzerprozessen der Inquisition üblich war.

Die ganze Beweisführung des Hexenhammers entbehrt jeder Spur von Logik und Ehrlichkeit. Sprenger hängt eine widersinnige Behauptung an die andere, ohne nur die Möglichkeit des angeblichen Verbrechens zu begründen. Er appelliert einfach an die rohe Gewalt und versagt den Angeklagten sogar den Beistand eines Verteidigers. Natürlich, da man vorsätzlich ungerecht handelte, wäre der Verteidiger nur unbequem gewesen.

Das ganze Verfahren war so organisiert, daß es als unbedingt feststehend angenommen werden muß, daß seine Anstifter nur wider besseres Wissen also handeln konnten. Der „Segen des Christentums" mußte doch offenbar werden.

Weder für die Anklage einer Person noch zur Verurteilung wurde irgend ein Beweis verlangt. Man folterte einfach die Angeklagten so lange, bis sie allem zustimmten, was der Inquisitor wollte. Aus den Fragen leuchtete die Weisheit der Kirche und ihres Pfaffentums handgreiflich hervor.

Die Dominikaner zwangen die Beschuldigten durch die Qualen der Folter zu bekennen:

1. Daß sie mit dem angeblichen „Teufel" einen Bund geschlossen, mit ihm Unzucht getrieben und Kinder erzeugt.

2. Daß sie Hexen seien, sich in eine Katze, oder Ziegenbock, oder einen Wehrwolf verwandelt, auch auf solchem Tiere, oder auf einem Besenstiel zur Hexenversammlung auf den Blocksberg durch die Luft gefahren seien.

3. Daß sie dort vom „Teufel" die Gewalt erhalten, Wetter zu machen, donnern und hageln zu lassen, Menschen und Tieren alle beliebigen Übel zuzufügen.

4. Daß sie von dieser Gewalt auch Gebrauch gemacht

und dieses oder jenes Unwetter oder sonstiges Mißgeschick herbeigezaubert.

Hatte eine das alles bekannt, so war das zwar genug, sie auf den Scheiterhaufen zu bringen, aber die christliche Liebe der päpstlichen Hexenrichter verlangte noch viel mehr. Die Angeklagte wurde weiter gemartert, bis sie auch bejahete, alle diejenigen, deren Namen man ihr nannte, ebenfalls bei der Hexenversammlung auf dem Blocksberge gesehen zu haben.

Denn es sollten immer neue Objekte für die Folterbank auf Lager sein. Daher wurden der Person, welche man gerade auf der Marter hatte, die Namen aller derjenigen, an welchen Priester, Junker oder Richter sich rächen wollten, oder deren Vermögen man zu rauben wünschte, vorgesagt und so lange gebrannt, gepeitscht und gequetscht, bis die „Hexe“ sie alle als mitschuldig bezeichnet hatte.

Daß ein solches Treiben nur mit dem Bewußtsein der Ungerechtigkeit, der Lüge und der Gaunerei stattfinden konnte, kann nur von gewerbsmäßigen Betrügern der Menschheit zu vertuschen gesucht werden. Wer auch nur den Schein der Ehrlichkeit wahren will, muß zugeben, daß, ehe man jemand anklagen kann, an einer Versammlung auf dem Blocksberge teilgenommen zu haben, erst festgestellt sein müßte, daß eine solche Versammlung überhaupt stattgefunden hat. Dieser Beweis ist aber von keinem Papste und von keinem Mucker jemals erbracht worden. Auch ist niemals der Schatten eines Beweises dafür geliefert worden, daß ein Bündnis mit dem „Teufel“, das Reisen auf Katze oder Besenstiel usw. überhaupt möglich sei. Und Papst und Fürsten würden wohl auch heute noch sehr in Verlegenheit kommen, wenn sie dem Volke das angebliche Teufelchen nur einmal in Person vorstellen müßten. Sollte ja doch nach ihrer Behauptung in den Hexenprozessen jedes alte Weib schon fähig sein, den Teufel zu zitieren, während sie wohl wissen, daß alle geistlichen und weltlichen Machthaber nicht einmal mit vereinten Kräften dazu imstande sind.

Das ganze Vorgehen bei den Hexenprozessen war Gaunerei, und diese Gaunerei wurde *wider besseres Wissen* verübt. Und das taten die Priester, welche sich für Repräsentanten Gottes auf Erden ausgaben. Da war doch die Mythologie der heidnischen Deutschen viel besser gewesen, als solcher „Segen des Christentums“.

Letzteres brachte die Folter, während die alten Germanen

so viel Ehrgefühl und Freiheitssinn besaßen, daß bei ihnen körperliche Strafen völlig ausgeschlossen waren. Der Anblick der Rutenbündel, welche der römische Statthalter Varus vor sich hertragen ließ, war im Jahre 9 n. Chr. ein Hauptgrund zum Aufstande gegen die römische Herrschaft gewesen. Selbst die alten Heiden hatten die Folter nur bei Sklaven, nie gegen freie Bürger angewendet, und ihre Foltergeräte waren Spielzeug gewesen im Vergleiche mit dem Marterarsenal der Bettelmönche der christlichen Kirche, welches bald darauf vom Protestantismus und den fürstlichen Juristen noch viel greulicher gestaltet wurde.

Priester und Prediger waren es, welche den Aberglauben systematisch pflegten. Hatte ein Wolkenbruch oder ein Hagelwetter die Feldfrüchte vernichtet, so wurde dem Volke zugeflüstert, das hat eine Hexe getan. War einem Bauern ein Stück Vieh gefallen, weil er es schlecht behandelt; wollte ein schlecht bestellter Acker keine guten Früchte tragen, stets mußten die „Hexen“ die Ursache sein. Und nichts war der einflußreichen Priesterschaft leichter, als dabei den Verdacht gerade auf diejenigen Personen zu werfen, welche aus irgend einem Grunde den Pfaffen mißliebig waren und beseitigt werden sollten. Genügte ja doch nach dem Hexenhammer schon das Gerücht zur Anklage. Und ein solches Gerücht auch gegen den redlichsten Mann und die tugendhafteste Frau in Schwung zu bringen, dazu war jede — „Pfarrköchin“ imstande. Was eine solche — „Person“ sagt, tragen ja auch noch heute überall die „Betschwestern“ weiter durchs Dorf.

War jemand tadellos, so hieß es bei den geistlichen Hexenrichtern, wie zahlreiche noch vorhandene Akten solcher Prozesse ausweisen: „Ha, seht, das tugendhafte Leben gerade ist ein Beweis der Schuld; unter dem Beistande des Teufels wird der Schein der Heiligkeit gewahrt.“ Hatte dagegen jemand offenkundige Fehler, so mußte auch das wieder als Merkmal näherer Beziehungen zum Teufelchen herhalten. Geradezu hyänenartig aber wurde die Verfolgung, wenn jemand sich um die Laster, Dirnen oder Bastarde der Priester oder sonst eines Stück Möbels der angeblich „von Gott gesetzten“ Obrigkeit bekümmert und ihre Schlechtigkeit bekämpft hatte.

Hatte ja doch schon Innocenz VIII. gerade zu dem Zwecke wider besseres Wissen die Gaunerei der Hexenbulle erfunden und in die Welt gesetzt, um die Aufmerksamkeit der Leute von seiner Unzucht und der Art und Weise, wie er seine Bastarden versorgte, abzulenken.

Kein Stand, kein Alter und kein Geschlecht blieb verschont. Jeder Unglücksfall durch Wasser oder Feuer, jede Krankheit und jedes Mißgeschick wurde den Hexen zugeschrieben. Wollte sich jemand an einem Nachbar rächen, suchten Neid und Mißgunst ein Opfer, so führte nichts so schnell und sicher zum Ziele, als eine Denunziation beim Hexenrichter. Dieselbe brauchte nur dahin zu lauten, daß man einige Katzen auf dem Dache des Gegners gesehen habe. Wo Katzen sich versammelten, da war eine Konferenz der Hexen, welche nach dem Hexenhammer sich mit besonderer Vorliebe in Katzen verwandeln. Sofort wanderten dann einige Personen aus dem betreffenden Hause in den Hexenturm, auf die Folter und auf den Scheiterhaufen.

Ebenso genügte dazu die Anzeige, daß man beim Vorbeigehen einer bestimmten Person Schmerz gefühlt. Priester und Richter, Bischöfe und Fürsten, Henker und Schergen lechzten förmlich nach Hexenprozessen. Dieselben brachten ihnen Geld und Verdienst, die Gerichtskosten, Prügel- und Foltergebühren waren hoch, und das Vermögen aller Familien, in denen sie eine Hexe fanden, floß in ihren Sack.

Als Sprenger in Straßburg weilte, erschienen drei reiche Weiber bei ihm und meldeten: Gestern Nachmittag vier Uhr seien sie alle drei von unsichtbaren Schlägen getroffen und tüchtig abgeprügelt worden. Das habe ein Bürger in ihrer Nachbarschaft durch seinen zauberischen bösen Blick besorgt. Sprenger ließ sofort den Mann verhaften, vergebens versicherte derselbe, unschuldig zu sein. Eben sollte er den Folterknechten übergeben werden, da kam ihm ein rettender Gedanke. „Keine getauften Geschöpfe waren es, die ich gestern nachmittag geschlagen, sondern drei schwarze Katzen, welche mir die Augen auskratzen wollten“, sprach er zum Hexenrichter. Dafür hatte Sprenger Verständnis. Jetzt war es klar, daß sich die drei Denunziantinnen als wahre und wirkliche Hexen in Katzen verwandelt und den Mann angefallen hatten. Auf der Stelle wurden sie gefoltert. Nichts half es ihnen, daß sie jetzt riefen, sie seien gar nicht geschlagen worden, sondern hätten die falsche Anklage nur erdichtet, um den Mann, der ihr Feind sei, zu verderben. Sie wurden gepeinigt, bis sie bekannten, daß sie Hexen seien, und dann lebendig verbrannt, während ihre Güter dem Bischofe zufielen.

Doch nur selten ereignete es sich, daß wie in diesem Falle die Opfer der Hexenprozesse kein besonderes Mitleid verdienen, weil sie sich durch Bosheit selbst unglücklich gemacht. In der Regel waren die angeblichen „Hexen“ durchaus schuldlos; jedenfalls hatte keine mit dem Teufel gebuhlt und von ihm Kinder, auch hatte keine Wetter gemacht, Krankheiten herbeigezaubert oder sich in ein Tier verwandelt, auch war niemand auf einem Besenstiel zum Blocksberg durch die Luft gefahren.

Alle diese Dinge sind einfach unmöglich; ein Mensch kann sie gar nicht begehen. Folglich ruht auf den Repräsentanten des Christentums der Fluch, mehr als hunderttausend Christen wider besseres Wissen ungerecht zu Tode gemartet zu haben.

Lächerlich wäre die Einrede, daß sich manche Angeklagte schon vor Anwendung der Folter schuldig bekannt habe. Das ist sehr begreiflich, denn jeder, der einmal in den Krallen der Hexenrichter sich befand, wußte unbedingt, daß er rettungslos verloren war. Es blieb nur noch die Wahl zwischen den Qualen der Folter und des langsamen Feuertodes, oder einem erträglicheren Ende. Letzteres hatte derjenige, der sofort gestand; er wurde nicht gefoltert und vorher erwürgt, ehe die Flammen des Scheiterhaufens den Körper berührten.

Oder sollte die Angeklagte vielleicht auf das Eingreifen eines gerechten Gottes warten. welcher Unschuldige errettet? Wer die Geschichte der Hexenprozesse studiert, kann den Glauben an eine göttliche Fürsehung nicht mehr verteidigen. Wie konnte ein gerechter Gott es zulassen, daß seine angeblichen Repräsentanten unter Fingierung eines schon an sich unmöglichen Verbrechens über zwei Jahrhunderte lang Unschuldige meuchelten? Mögen die Priester und Bischöfe und die „staatlichen Landeskirchen“ diese Frage beantworten.

Aber dadurch, daß die Prediger des Christentums die handgreiflichen Erdichtungen des Hexenwahns in die Welt setzten, und durch den furchtbaren Mißbrauch, den sie mit der Ausbeutung dieses Aberglaubens getrieben, hat die ganze Glaubwürdigkeit dieser Leute Schiffbruch gelitten. Denn selbst im günstigsten Falle, wenn man zugeben wollte, Papst und Kirche und ganz besonders auch die sog. „Reformatoren“ und der Protestantismus hätten in diesem Punkte g e i r r t und auf Grund eines Irrtums Hunderttausend gemeuchelt, so fällt auch dann jeder Anspruch auf Glaubwürdigkeit für ihr ganzes Geschäft.

Denn wenn sie in einem so folgenschweren Punkte geirrt und über zwei Jahrhunderte lang so viel unschuldiges Blut vergossen, weil sie selbst die Wahrheit nicht erkannten, **wer** bürgt uns dann noch dafür, daß es nicht mit jedem beliebigen anderen christlichen Dogma, und mit dem ganzen Christentum überhaupt, möglicherweise die gleiche Bewandtnis haben könnte.

Wer zu den Hexenprozessen geschwiegen und dieselben nicht verhindert, die Unschuldigen nicht gerettet hat, kann jedenfalls diese Bürgschaft nicht übernehmen. Vor der Hexenbulle und ihren Konsequenzen, vor dem Meere des unschuldigen Blutes, welches dieser Priesterbetrug der Menschheit abgezapft, verweht die kirchliche Lehre von dem göttlichen Schutze vor Irrtum, von der Leitung der Kirche durch den heiligen Geist, in alle Winde.

„An ihren Früchten sollt ihr die falschen Propheten erkennen! Ein guter Baum **kann** keine schlechten Früchte tragen," sagt Jesus.

Die Priester und ihre Geschichtsschreiber fühlen das. Nicht umsonst geht z. B. der sonst doch so gründliche und gediegene J. Janssen in seiner Geschichte des deutschen Volkes über alle diese Dinge stillschweigend hinweg, obgleich sie doch wahrlich im höchsten Grade zu „Deutschlands geistigen Zuständen beim Ausgange des Mittelalters" gehören. Je tiefer man in Hexenbulle, Hexenhammer und ihre Konsequenzen prüfend eindringt, um so offenkundiger erkennt man darin den absoluten Bankerott der Klerisei. Bankerott erklärt sich aber niemand gerne selbst; daher schleichen ihre Leute so gerne ignorierend über dieses wichtigste Kapitel der ganzen Kirchen- und Kulturgeschichte hinweg.

Doch die Priester haben noch einen Strohhalm. Sie sprechen also: „Ja, die Blocksbergfahrt mit Zubehör, die Buhlschaft mit dem Teufel, das Herbeizaubern von Hagelwetter und Blitz, und was sonst den Gegenstand der Anklage bei den Hexenprozessen bildete, das ist ja alles Aberglauben. Aber viele der Hingerichteten haben selbst an die Sache geglaubt, und also durch den Willen wenigstens das Teufelsbündnis geschlossen, wenn es auch tatsächlich nicht ausführbar ist; sie sind also nicht ganz unschuldig verbrannt worden."

Diese Einwendung schwächt wahrlich die Schuld der Kirche nicht ab. Wenn die Priester den ungebildeten Leuten von Jugend auf in Religionsunterricht und Predigt, durch Vorspiegelung von Teufelsschrecken und Hexenmacht, den Verstand geraubt, so konnte es bei Dummköpfen allerdings so weit kommen, daß die Wahnvorstellungen sich zur Verrücktheit ausbildeten. Religiöser Wahnsinn kommt auch heute noch vor; die davon Befallenen verdienen aber keine Verfolgung, sondern Aufklärung und Heilung. Wenn es bei diesen Erscheinungen überhaupt einen Übeltäter gibt, dann ist es in allen Fällen nur der Priester, Mönch, Prediger oder Mucker, den die Phantasie des Kranken bis zu solcher Exaltation gereizt hat.

Der Zweck dieses Treibens ist heute gerade so gut wie damals Gaunerei. Das arme Opfer soll in höherem Grade als die übrigen Schafe ein Werkzeug pfäffischer Interessen oder Laster sein, oder durch die Teufelsangst bewogen werden, sein Vermögen, oder Teile desselben, den Priestern auszuliefern. Auch ist zuweilen politische Spekulation dabei im Spiel, man denke nur an die „Wunderkinder“ zu Marpingen, an die Madonnenerscheinungen im Elsaß und in Polen, die in den siebziger Jahren aufgeführt wurden.

Nachdem wir konstatiert, daß die Unschuld aller verbrannten Hexen und Hexenmeister von jedem Ehrlichen unbedingt anerkannt werden muß, weil das angebliche Verbrechen, welches den Gegenstand der Anklage bildete, absolut unmöglich ist und von keinem Menschen begangen werden kann, wollen wir jetzt auch noch das Prozeßverfahren in allen seinen Teilen beleuchten. Auch hierbei ist unverkennbar, daß wider besseres Wissen handelnde Bosheit als Triebfeder des Ganzen erscheint.

Schon die Gefängnisse, in welche man die unschuldigen Opfer der Hexenprozesse brachte, waren ein Hohn gegen die Nächstenliebe des Christentums. Man warf die Unglücklichen gewöhnlich in unterirdische schmutzige Löcher, wie man solche in den Dominikanerklöstern überall unter dem Keller bereit hatte. Dabei war die Nahrung schlecht, jeder Verkehr mit der Außenwelt abgeschnitten.

So ließ man die Angeklagte längere Zeit schmachten, um sie mürbe zu machen, ehe man zum Verhör schritt. Gab dieselbe bei letzterem nicht sofort zu, mit dem Satan Unzucht getrieben und auf einem Besenstiel oder einer Katze durch die Luft zum Blocksberg zur Hexenversammlung gefahren zu sein, so begann die Untersuchung nach den Vorschriften des „Hexenhammers“.

Nach letzterem hat der Teufel jeder Hexe bei der ersten Buhlschaft mit ihm ein unauslöschliches Zeichen als Bundesmerkmal aufgedrückt. Dasselbe ist zwar nicht immer sichtbar, aber daran zu erkennen, daß die Hexe an derjenigen Körperstelle, wo sich dieses Zeichen befindet, durchaus unempfindlich gegen jede Verletzung ist.

Das Hexenzeichen sollte also gesucht werden. Deshalb wurde die Angeklagte nackt ausgezogen und ihr dann am ganzen Körper von den Henkersknechten alle Haare glatt abgeschoren, auch an den Geschlechtsteilen. Dann wurden ihr die Augen verbunden und nun begann man, sie überall am Körper mit Nadeln zu stechen oder mit glühenden Eisen zu brennen, um eine Stelle zu entdecken, wo die „Hexe" unempfindlich sei. Das schamlose Treiben dauerte oft Stunden lang, die Dominikanermönche standen dabei und bezeichneten den Schergen die Stellen am Körper der Gemarterten, wohin gestochen oder gebrannt werden sollte.

Die ganze Operation war lediglich zum Kitzel der mönchischen Geilheit erfunden. Der beste Beweis hierfür liegt in der Tatsache, daß das Resultat völlig bedeutungslos war. Denn hatte man die Unglückliche auch am ganzen Körper empfindlich gefunden und kein Teufelsstigma entdeckt, obgleich man so lange gestochen und gebrannt, daß von der Fußsohle bis zum Scheitel kein heiler Punkt mehr übrig war, so wurde sie doch keineswegs aus der Haft entlassen und für unschuldig erklärt, sondern trotzdem ins Gefängnis zurückgebracht.

Nach kurzer Frist nahm man die Angeklagte wieder vor. Bestritt sie noch immer, eine Hexe zu sein, so wurde sie von den Henkersknechten in Gegenwart der Mönche und sonstigen „Richter" und Obrigkeitsrepräsentanten wieder völlig entkleidet. Dann legte man sie über einen runden Bock; unter demselben wurde der Daumen der rechten Hand mit der großen Zehe des linken Fußes, und der Daumen der linken Hand mit der großen Zehe des rechten Fußes peinlich zusammengeschraubt. Darauf wurde das bewegliche Oberteil des Bockes durch Schrauben in die Höhe getrieben, denn es kam darauf an, die Nerven der hintern Körperteile der „Hexe" so stark als nur möglich zu spannen, weil dadurch Schmerz und Empfindsamkeit gesteigert wurden. Zu demselben Zwecke setzte man die Ausgespannte zugleich der Kälte aus und ließ sie nun in ihrer qualvollen Lage einige Stunden. Dann erschienen die Henkersknechte mit Ruten und Peitschen und bearbeiteten damit den vor Kälte zitternden ausgereckten nackten Körper, bis die Haut in Fetzen herabhing. Dazwischen stellten die Hexenrichter ihre Fragen, und sagte die Gepeinigte nicht zu jedem Unsinn „ja“, so wurde die Geißelung immer nachdrücklicher fortgesetzt.

Es ist erklärlich, daß schon dieses geistliche Vorspiel zur eigentlichen Folter viele zum Geständnis brachte. Ruten und Peitschen standen überhaupt bei Mönchen und Priestern zu allen Zeiten in hohem Ansehen. Wo sie eine Strafgewalt hatten, und die hatten sie in jenen Jahrhunderten überall, da wurde auch gegeißelt und zwar gründlich. Auch im Kloster spielte für Mönche und Nonnen die Geißel eine bedeutende Rolle für alle, welche sich nicht jeder niederträchtigen Zumutung fügten und etwa tugendhafter sein wollten als die „Oberen“. Ja, es gab sogar unter den Mönchen und Priestern damals zahlreiche Beichtväter, die namentlich Frauen und Mädchen in der Beichte als Buße gerne die Erduldung einer körperlichen Züchtigung auferlegten. Zum Empfange der letzteren mußte sich dann die Betreffende zur bestimmten Stunde im Kloster oder in der Wohnung des „Beichtvaters“ einfinden, sich dort willig hinlegen und den Körperteil, welchen der „Hochwürdige“ sehen wollte, entblößen, um darauf mit einem entsprechenden Instrumente — gewöhnlich in Salzwasser geweichten Birkenruten — berücksichtigt zu werden. Nur dort, wo die Ruten am nötigsten gewesen wären, wurden sie nicht gebraucht, nämlich nicht bei den Priestern und ihren Dirnen zur Austreibung der Geilheit.

Schon im ersten Drittel des dreizehnten Jahrhunderts war es bei den Dominikanermönchen Sitte, als Beichtväter Frauen und Mädchen zu züchtigen. Konrad von Marburg erlaubte sich dasselbe sogar gegen die hl. Elisabeth, Landgräfin von Thüringen. Seitdem aber durch die Einführung der Hexenprozesse die Macht der Mönche und die Rechtlosigkeit des weiblichen Geschlechts ausgedehnter geworden, nahm das Unwesen immer mehr zu. Dennoch trieben 1558 die Bürger von Brügge den Pater Cornelis mit Schimpf und Schande aus der Stadt, weil er bei Gelegenheit der Züchtigung sich gegen eine verheiratete Frau noch etwas Weiteres erlaubt hatte. Aber da ging der fromme Mann hin und wurde einer der eifrigsten Ketzerverfolger. Als zehn Jahre später der Herzog von Alba in den Niederlanden regierte, drängte sich ihm der würdige Pater Cornelis als Spürhund auf und lieferte einige Hundert „Ketzer“ teils an den Galgen, teils auf den Scheiterhaufen.

Führte bei der „Hexe" die grausame Geißelung noch nicht zum Bekenntnisse, so kamen die Foltergeräte zur Anwendung. Das erste derselben war in diesen Prozessen der Hexenstuhl. Dieses war ein eiserner Armsessel, dessen Sitz, Rücklehne, Fußbrett, überhaupt alle Teile, welche den Körper berührten, mit stumpfen Spitzen versehen waren. Die Beschuldigte wurde völlig nackt in diesen Stuhl hineingesetzt auf die Stacheln, und dann um Hals, Arme und Beine so befestigt, daß sie kein Glied rühren konnte. Dabei lag auch noch eine schwere Walze, ebenfalls dicht mit Stacheln besetzt, auf den Knieen, und drückte den Körper immer nachdrücklicher in den qualvollen Sitz hinein. So ließ man die Unglückliche eine ganze Nacht sitzen, um dann am Morgen das „Verhör" wieder fortzusetzen.

Die Schmerzen, welche die überall pressenden stumpfen Spitzen verursachten, waren so groß, daß nicht selten das arme Opfer auf dem Hexenstuhl starb oder wahnsinnig wurde. Doch man lebte im Christentum und das Christentum ist die Religion der Liebe. Darum war die angeblich von Gott gesetzte Obrigkeit auch damit noch nicht zufrieden. Vielmehr hatte mancher Hexenstuhl unter dem Sitze eine Vorrichtung, um dort ein leichtes Feuer unterhalten zu können, und das Fleisch der Angeklagten langsam zu braten. Die Rücklehne des Stuhles war hohl und diente als Ofenrohr.

Wollte die Angeklagte noch immer nicht bekennen, Donner, Hagel und Ungewitter herbeigezaubert, Menschen und Tiere behext und mit dem Teufel Unzucht getrieben zu haben, so wurde weiter gefoltert. Man hatte noch gar viele Marterinstrumente auf Lager. Allgemein war die Anwendung der Daumenschrauben. Das war ein eisernes Schraubenzeug, inwendig mit stumpfen Spitzen versehen, zwischen welche die beiden Daumen der Gefolterten gesteckt wurden. Die Henker schraubten dann die Maschine zu und quetschten die empfindlichen Daumen aufs peinlichste. Dabei schrieb das Folterreglement vor, zur Erhöhung des Schmerzes die Schrauben oft etwas zu lüften und dann wieder zusammen zu ziehen, zuletzt, wenn kein Geständnis erfolgte, bis zur völligen Zerquetschung der Daumen.

Für die Beine der Gefolterten hatte man die „spanischen Stiefel". Dieselben wurden nach den Daumenschrauben, oft aber auch zugleich mit denselben angelegt, und zwar an Waden und Schienbeine. Sie hatten eben solche peinliche stumpfe Spitzen wie die Daumengeräte, und wurden wie diese abwechselnd etwas gelüftet und dann wieder zugeschraubt bis zur Zersplitterung der Knochen. Dabei hingen die Beine ohne Stütze schwebend in der Luft, denn die Weisheit der hohen Obrigkeit hatte entdeckt, daß dieses zur Erhöhung der Qual viel beitrage. Zugleich schlug der Henker mit einem hölzernen Hammer oft auf denjenigen Teil des Folterwerkzeugs, welches das empfindliche Schienbein bedeckte und verursachte dadurch solche unbeschreibliche Schmerzen, daß darauf in der Regel das Geständnis erfolgte.

War dieses nicht der Fall, so kam die Strickfolter. Etwa einen Finger dicke Schnüre, an beiden Enden mit einem Knebel zum Anfassen, wurden zuerst um die zusammengebundenen Arme vom Handgelenk bis zum Ellenbogen, später auch um die Oberschenkel der Beine geschlungen, und zwar so, daß ein Reifen sich an den anderen fügte. Dann rissen die Henkersknechte die Schnüre hin und her und zersägten und zerrieben das Fleisch der Arme und Beine bis auf die Knochen in der denkbar qualvollsten Weise. Führten die Schnüre von Hanf dabei noch nicht zum Bekenntnis, so kamen härtere von Pferdehaaren zur Benutzung. Die Prediger der christlichen Liebe kamen nicht in Verlegenheit, ihre Geräte reichten für alle Fälle aus.

Damit die Gefolterten nicht zu viel durch ihr Geschrei belästigten, verkörbte man ihnen den Mund. Zweierlei Instrumente dienten dazu, die Pfeife und die Birne. Die Pfeife war ein mit einem Luftloche versehener Knebel, welcher durch Schnüre um den Kopf herum befestigt wurde. Die Birne konnte durch Schrauben so ausgedehnt werden, daß sie den ganzen Mund füllte und nicht selten auseinandersprengte. Gaben die Gefolterten mit dem Kopfe das Zeichen, daß sie bekennen wollten, so wurden die Knebel aus dem Munde genommen, kamen aber sofort zurück, wenn das Geständnis dem Inquisitor nicht genügte.

Hatte man so Daumen, Arme und Beine der „Hexe“ unter den schrecklichsten Qualen zermalmt, ohne daß der ganze Unsinn der geistlichen Weisheit der Hexenbulle zugegeben worden war, so wurde der nackte Körper der Unglücklichen auf die Leiter gebracht. Diese war feststehend, auf die stärkste Art gefertigt und oben mit einem vierräderigen kraftvollen Flaschenzuge versehen. Am unteren Ende der Leiter wurden die Gefolterten, denen die Hände auf dem Rücken zusammengebunden waren, bis zur Unbeweglichkeit befestigt und dann der ganze Körper mit dem Flaschenzuge so auseinandergerissen und ausgedehnt, daß die Hände verkehrt über dem Kopf hervorragten. Die Folterbücher schrieben vor, den Körper so lange zu zerren, bis ein an einer bestimmten Stelle des Leibes vorgehaltenes brennendes Licht auf der Rückseite des Menschen sichtbar war.

Die Schmerzen, welche bei dieser Tortur den ganzen Körper durchdrangen, lassen sich nicht beschreiben. Dennoch wurden sie noch verschärft. Die Prediger der Religion der Liebe hatten nicht selten an der Folterleiter einige mit scharfen Zacken versehene bewegliche Rollen, sogenannte „gespickte Hasen“ angebracht, welche den Gemarterten beim Aufziehen und Herablassen Haut und Fleisch vom Rücken herunterrissen. Die Wunden begoß man mit Salzwasser oder legte angezündete Schwefelfäden hinein.

Eine allgemein übliche und im habsburgischen Barbarenstaate Ungarn 1899 noch vorgekommene Folter war es, den nackten Angeklagten mit auf den Rücken gebundenen Händen, frei in der Luft schwebend, aufzuhängen und dabei noch schwere Lasten an die Füße zu binden. Zur Erhöhung der Pein wurde der Körper hin und her geschwenkt, auch zuweilen herabgelassen und plötzlich wieder in die Höhe gerissen, wobei gewöhnlich die Sehnen des Körpers platzten. Doch das alles genügte den Repräsentanten der Segnungen des Christentums noch nicht. Daher wurden die Inquisiten in dieser entsetzlich qualvollen Situation noch gepeitscht; bei der Inquisition und den Hexenprozessen sogar mit der glühend gemachten Drahtgeißel. Oder man begoß sie mit kaltem Wasser und ließ dieses am Leibe anfrieren, während man zugleich unter den Füßen Feuer anzündete.

Das Feuer kam überhaupt bei der Folter stark zur Anwendung. Sehr gewöhnlich war es, Pechflaster auf den Unterleib zu legen und anzuzünden, oder der auf der Leiter ausgereckt hängenden „Hexe“ die Brüste, oder die empfindlichen Stellen unter den Armen, oder gar die Geschlechtsteile mit geweihten Wachskerzen anzubrennen. Bei manchen Gerichten steckte man die nackten Beine des Gemarterten in große eiserne Stiefel und füllte letztere dann allmählich mit siedendem Pech oder Öl, bis das Geständnis erfolgte. Auch zerriß man mit spinnenähnlichen Zangen die Brüste, an welchen die „mit dem Teufel erzeugten Kinder“ gesäugt worden waren.

War die „Hexe“ durch alles dieses noch nicht so weit mürbe, daß sie nicht nur sich selbst, sondern auch alle Personen, deren Namen der Inquisitor ihr nannte, zu allem Unsinn schuldig bekannte, dann kam jetzt der mit Wunden bedeckte nackte Körper in die sogenannte Wiege. Die inneren Seitenwände der letzteren starrten überall von Spitzen und Nägeln, dabei war das schauderhafte Instrument halb mit Salzwasser gefüllt. Der hinein gelegten „Hexe“ waren Hände und Füße zusammengebunden, so daß sie sich durch keine Bewegung schützen konnte. Und nun setzten die Henkersknechte die Wiege in Gang und wiegten mit Nachdruck. Bei jedem Stoße schlug der zerfetzte Körper an die Stacheln, während die beißende Lauge sofort in die Wunde drang. Da erfolgte allerdings Geständnis oder Tod.

Starb die „Hexe“ auf der Folter, bevor sie alles bekannt hatte, so galt sie doch als schuldig: „Der Teufel hat ihr den Hals umgedreht, damit sie ihre Genossen nicht verraten kann“, sagten die Mönche. Ihr Körper wurde mindestens auf dem Schindanger eingescharrt und ihr Vermögen eingezogen. Letzteres war in gar vielen Fällen die Hauptsache, und bei der angeblich von Gott gesetzten Obrigkeit die Triebfeder des ganzen Prozesses. Nie waren Richter und Schreiber, Henker und Schergen so reich, wie seit Einführung der Hexenprozesse. Da regnete es Sportel und Gebühren und Arbeit gab es in Fülle.

Außer den angeführten allgemein gebräuchlichen Folterarten hatte noch jedes Gericht und jeder Henker seine besonderen Torturen. Da die Erpressung von Geständnissen Zweck und Ziel war, so wurde jedes Mittel, welches dazu führte, mit Entzücken begrüßt, je grausamer und unwiderstehlicher es war, desto besser. Wie heute derjenige das beste Geschäft macht, welcher der angeblich von Gott gesetzten Obrigkeit ein neues Instrument zum Massenmord erfindet, so wurde vor zwei und drei Jahrhunderten der Henker belohnt, der eine neue grausame Tortur aufbrachte.

Der menschliche Körper hat kein Glied, für welches nicht ein besonderes Foltergerät vorhanden gewesen wäre. Und weil nun die Geschlechtsteile der empfindlichste Körperteil sind, so wurden sie, namentlich bei den Hexenprozessen, vor allem angegriffen. Ruten- und Peitschenhiebe auf die Geschlechtsteile zu geben, bis ein Geständnis erfolgte, war sehr gewöhnlich. Ja, man hatte sogar eine sogenannte „Lichtfolter“, welche wahre Wunder wirkte und den kräftigsten Körper brach. Die völlig entkleideten „Hexen“ wurden an den zusammengebundenen

Daumen aufgehängt, dann ihnen zwischen die mit einem Brett auseinander gezwängten Beine ein brennendes Licht gestellt, welches langsam die Schamteile verbrannte. Dadurch war jedes Geständnis zu erpressen.

Es gab eine eigene Fußzehenfolter, wobei die großen Zehen mittels einer Winde ausgereckt und mit Schrauben gezwickt wurden. Handschrauben besorgten die Zerquetschung aller Knochen der ganzen Hand, während man spitze Splitter von Kienholz unter die Finger- und Zehennägel trieb und anzündete. An manchen Orten wurden dem Inquisiten stachlige Schuhe angelegt und er dann mit langen Peitschen nackt so lange im Gefängnishofe umher getrieben, bis er bekannte. Dieses Mittel wurde auch zuweilen gegen Zeugen gebraucht, die nicht nach dem Willen des Richters aussagten.

Mit den übrigen Torturen wurden vielfach förmliche Hunger-, Durst- und Wachfolter verbunden. Bei Entziehung jeglicher Nahrung wurde noch ein in Salzwasser getauchtes Tuch in den Schlund gesteckt. Dabei lag der Angeklagte völlig entblößt krumm geschlossen auf dem kalten Kerkerboden. Schergen saßen mit der Geißel in der Hand daneben und hatten das Einschlafen zu verhindern. Sobald das arme Opfer die Augen schloß, wurde es durch Schläge auf die empfindsamsten Körperteile geweckt. Solche Dinge erlaubte sich oft schon der Kerkermeister, besonders wenn ihm eine Belohnung versprochen war, wenn er Inquisiten in zwei oder drei Tagen zum Geständis bringe. Derartige Versprechen waren ebenso gewöhnlich, wie Bestechungen aller Art bei Richtern, Henkern und Schergen. Bekamen dieselben genügend die Pfoten gefüllt, dann wurde nur zum Schein gefoltert und ein Angeklagter konnte auch trotz der Tortur noch frei ausgehen. Nicht umsonst werden die Richter in der Bibel fast an jeder Stelle, wo von ihnen die Rede ist, davor gewarnt, sich bestechen zu lassen. Jedes Ding in der Welt hat seine Ursache.

Besonderen „Ruhm“ genoß noch im achtzehnten Jahrhundert in ganz Deutschland die „Bambergische Tortur“. Der Bischof von Bamberg hatte in seiner Weisheit entdeckt, daß Ruten und Peitschen nicht nur das beste Mittel seien, jemand recht lange und schmerzhaft martern zu können, ohne vorzeitigen Tod des Inquisiten befürchten zu müssen, sondern daß man damit auch ganz unfehlbar jedes Geständnis erzwingen könne. Eine alte Anleitung zur wirksamsten Ausübung der Tortur, die unter dem Titel „Observatio juris criminalis de Applicatione Tormentorum“ im Jahre 1754 in Hannover erschien, beschreibt die „Bambergische Tortur,“ die in vielen deutschen Gebieten üblich war, also:

Inquisit wird nackt in einem kalten Raume so scharf in den Bock gespannt, daß Muskeln und Sehnen der hinteren Körperteile aufs äußerste ausgedehnt sind. Nach einiger Zeit, wenn alle Glieder durch das Krummschließen und die Kälte schmerzen, erscheint der kräftigste Henkersknecht, über welchen das Gericht verfügt, mit einer eigens dazu gefertigten schweren, vier Fuß langen Karbatsche und gibt alle 5 Minuten auf die ausgespannten Glieder einen mächtigen Peitschenhieb. Die Prozedur wird so lange fortgesetzt, bis Inquisit bekennt. Erfolgte kein Geständnis, dann erreichte die Zahl der Hiebe hundert und mehr. Man hörte erst auf, wenn vom Halse bis über die Waden herab die hinteren Körperteile des Gemarterten eine einzige Wunde waren. Letztere wurde dazwischen wiederholt zur Erhöhung der Qual mit Salzwasser begossen.

Nach zwei oder drei Tagen, die Inquisit auf dreikantigen Latten zugebracht, wird er wieder in den Bock gespannt. Hatte er einige Stunden darin geschmachtet, so begann seine Geißelung mit in Wasser geweichten Haselstöcken. Dabei wird gerühmt, daß bei dieser zweiten Marter der Scharfrichter nur selten mehr als zwanzig Schläge brauche, um jedes beliebige Geständnis zu erhalten. Das ist wahrlich kein Wunder; wurden ja doch die Hiebe in das rohe Fleisch offener Wunden gegeben, welche durch Begießen mit beißender Lauge noch empfindsamer gemacht waren. Auch war ja vorgeschrieben, daß bis zu achtzig und hundert Hieben zu geben seien, wenn kein Geständnis erfolge.

Zudem hatte man noch einen dritten Grad, welcher nötigenfalls einige Tage später erfolgte, bei welchem die Schläge mit der sogenannten Kasseler Peitsche aufgezählt wurden, bis Inquisit bekannte oder tot war. Die Kriminalakten der Bamberger Hexenprozesse sind voll des Lobes über die „Kasseler Peitsche“. Sie war aus hartem Leder gefertigt, daumendick, mehr als vier Fuß lang und zur Verstärkung der Wucht der Hiebe mit Sand gefüllt. Dabei hatte sie noch drei spitzige Knoten, welche das Fleisch von den Knochen rissen. Da konnte man allerdings jedes andere Foltergerät entbehren; die Kasseler Peitsche machte unbedingt ein schnelles Ende.

Solchen Martern konnte absolut kein Mensch widerstehen. Die angaben, mit derartigen Mitteln die Wahrheit erforschen zu wollen, logen wider besseres Wissen. Es war ihnen nur darum zu tun, Unschuldige zu meucheln. Und diejenigen, welche das heute noch zu bestreiten versuchen, sind ihre ebenbürtigen Genossen und verdienen keinen anderen Titel, als — gewerbsmäßige Betrüger der Menschheit.

## V.

# Das Hexenwesen im protestantischen Teile von Deutschland.

„O du Kind des Teufels und Feind aller Gerechtigkeit; wirst du nicht aufhören zu verkehren die geraden Wege des Herrn!" Apostelgesch. 13, 10.

Wenn vom Verbrennen von Ketzern gesprochen wird, so gilt es als Modefarbe, dasselbe ausschließlich der katholischen Kirche zur Last zu legen. Und doch wollte letztere nur den *bestehenden*, auf dem Rechtstitel einer tausendjährigen Existenz beruhenden *Zustand* **erhalten** und *den* **Abfall** *verbieten*.

Ganz anders der Protestantismus. Er brachte Neuerungen, die gar keinen Rechtstitel für sich hatten, als die bedeutungslose Privatmeinung ihrer Urheber. Und für letztere **zwang** man Millionen in Norddeutschland, in Schweden und Dänemark, in Holland und England vom Glauben ihrer Väter *abzufallen*. Die schändlichen Grausamkeiten, die dabei verübt wurden, sind hundertmal schlimmer, als alle Greuel der spanischen Inquisition. Allein der schmutzige Heinrich VIII. von England ließ deshalb 72000 Menschen hinrichten.

Aber das sucht man zu vertuschen. Man hört es nicht gerne, daß der unsittliche Zwingli seine Konkurrenten, die auch „reformieren" wollten, und dazu mindestens ebensoviel Recht hatten wie er, ersäufen ließ. Und wie gerne möchte man es ignorieren, daß Calvin zu Genf 1547 den Libertiner Jak. Gruet und am 27. Oktober 1553 den Antitrinitarier Mich. Servet mit feuchtem Holze *aus Neid* als „Ketzer" verbrennen ließ. Servet überragte den Calvin an Kenntnissen bedeutend, war auch nicht so unzüchtig wie Calvin, der in seiner Heimat Noyon als 23jähriger Kleriker wegen widernatürlicher Unzucht gebrandmarkt worden war und deshalb nicht mehr Priester bleiben konnte. Aber da änderte er seinen richtigen Namen Jean Chauvin in Calvin und zog in die Fremde nach Genf und betrieb das damals sehr einträgliche Gewerbe des „Reformierens". Dabei spielte er gegen die Anhänger der alten Kirche wie gegen seine Reformationskonkurrenten den gewissenlosen Tyrannen. Aber nicht nur gegen diese, auch gegen Frauen und Mädchen, die seiner Geilheit nicht dienen wollten. Daher ließ Calvin auch „Hexen" in großer Zahl verbrennen, 1545 innerhalb dreier Monate allein 34 Stück.

Und wenn Luther schrieb: „Weiber sind nötiger als das tägliche Brot, ja weit nötiger als das Abendmahl unter beiderlei Gestalten," — (Buch vom ehelichen Leben Tom. 2 jen. germ. fol. 150b, N. 163a Tom. 6, Witt. germ. fol. 72b, Tom. 2 Abt. fol. 209, 2) — und wenn er, damit nur ja der Sinnlichkeit gefröhnt werde, sogar die Vielweiberei nach türkischem Muster empfiehlt, — Tom. 4 jen. germ. fol. 103a, N. fol. 95a, Tom. 4 Altenb. fol. 110 a b) — so offenbart er dadurch nur den innersten Kern seiner Natur. Die Feder bekundet das, wovon das Herz voll ist (Matth. 7, 15—19).

Aber das möchte man gerne verleugnen, geradeso, wie man, wenn vom Aberglauben die Rede ist, denselben mit frecher Geschichtsfälschung allein unwürdigen katholischen Priestern und Mönchen zuzuschreiben sucht. Doch wenn man mit diesem beschränkten Vorurteil die wirklichen historischen Tatsachen vergleicht, so gestaltet sich die Sache ganz anders.

In den drei vorhergehenden Abschnitten haben wir uns mit der Verschuldung eines schlechten Papstes und seiner Organe beschäftigt. Jetzt wollen wir aber auch den Anteil der verschiedenen Firmen der Herren Mucker (des Teufels Zucker) an den Verbrechen der Hexenprozesse feststellen. Und da stoßen wir auf eine noch viel größere Verschuldung.

Die Hexenbulle war 1484 erlassen worden, aber in den nächsten vierzig Jahren wurden noch verhältnismäßig wenig Hexen verbrannt. Die Zahl der zu Inquisitoren bestellten Dominikanermönche, welche damals noch allein als Hexenrichter fungierten, war nur gering. Ihre Tätigkeit spukte in Süddeutschland, im Elsaß und am Rhein, außerdem noch im nördlichen Italien. Da zogen sie von Stadt zu Stadt und suchten Hexen. Ihr Unwesen an einem Orte dauerte höchstens einige Jahre, dann wanderten sie weiter.

Sie verübten zwar arge Greuel, aber sie verbrannten die Hexen doch wenigstens stückweise, nicht nach Dutzenden und Hunderten auf einmal. Dazu kam es erst infolge des Abfalls von der katholischen Kirche durch protestantische Fürstlein. Denn die Fürsten, welche im sechzehnten Jahrhundert vom Glauben ihrer Väter abfielen, waren durchgängig dieselben völlig religionslosen, nur von Sinnlichkeit und Habgier beherrschten niedrigen Individuen, wie König Heinrich VIII. von England und Landgraf Philipp von Hessen. Heinrich VIII. vertrieb oder ermordete ein Weib nach dem anderen, nur um neues Material zur Befriedigung seiner mehr als hündischen Geilheit nehmen zu können. Und der Landgraf Philipp von Hessen, der ärgste Reichsverräter und sittenloseste deutsche Fürst seiner Zeit, hatte das Verlangen, seine Konkubinen förmlich als Nebenweiber zu privilegieren, obgleich ihm seine noch lebende rechtmäßige Frau bereits acht Kinder geboren hatte. Er wollte einfach Luthers Lehre von der Vielweiberei in die Praxis umsetzen und wandte sich an die „Reformatoren" um Genehmigung.

Und da „entschieden" Luther, Melanchthon und die sechs bedeutendsten „Theologen" ihrer Partei in aller Form wörtlich: „Die Doppelehe steht dem Landgrafen zu, um hierdurch das Heil seines Leibes und seiner Seele, **sowie den Ruhm Gottes zu fördern.**" Freche Gotteslästerung und Mißbrauch religiöser Phrasen kann allerdings nicht offener zutage treten, als wenn Ehebruch und Unzucht als „den Ruhm Gottes fördernd" erklärt wird. Zu finden in Luthers Schriften Teil IV der Jenaer deutschen Ausgabe Seite 103 a. Georg Bruck, Kanzler des Herzogs von Weimar, bekam von Luther durch Brief vom 13. Januar 1533 dieselbe Erlaubnis mit der Motivierung: „Gegenüber dem löblichen Beispiele der Patriarchen, Davids und Salomons könne es keinem Manne verwehrt werden, mehrere Weiber zugleich zu haben."

Schon im Jahre 1526 schrieb Herzog Georg von Sachsen an den Luther: „Zu welcher Zeit sind, wie jetzt, die Weiber ihren Männern entrissen worden, um anderen Männern gegeben zu werden, was dein Evangelium gestattet? Zu welcher Zeit ist Ehebruch so häufig gewesen, als jetzt, nachdem du zu schreiben wagtest: „„wenn eine Frau von ihrem Manne nicht empfangen kann, so muß sie einen anderen zu finden suchen, um von ihm Kinder zu bekommen, die der Mann zu ernähren hat, und der Mann hat seinerseits dasselbe Recht."" Näheres darüber in Surius: Commentarius brevis rerum in orbe gestarum ab a. 1500 (Löwen 1566) Seite 150.

Manche Fürstlein wollten alle Zügel der christlichen Sitte und Zucht abschütteln und zugleich den Abfall vom Glauben ihrer Väter als Vorwand benutzen, die reichen Stifts- und Klostergüter der katholischen Kirche zu rauben. Letzteres aber keineswegs, um diese Güter den Armen zu geben, oder um sie zum allgemeinen Wohle des Volkes zu verwenden, sondern um dieselben völlig rechtswidrig zu ihrem Privatbesitz als sogenannte „Domänen" zu stehlen und, nicht selten, um das Kirchengut mit ihren Dirnen verschwenderisch durchzubringen. Die fürstlichen Dirnen wurden dann gewöhnlich zu „Gräfinnen" ernannt, damit jedermann wisse, was dieser Titel — wert ist.

Das alles erregte im Volke viel Widerspruch. Auch gab es viele, die nicht vom Glauben ihrer Väter abfallen wollten. Für alle diese Zwecke aber waren den Fürstlein die Hexenprozesse äußerst willkommen, — wahrhaft Mädchen für alles. Damit konnte man jede Opposition erwürgen und alle Feinde stumm machen und vernichten.

In den ersten reinen Zeiten des Christentums spielte der „Teufel" keine besondere Rolle. Zwar kam es bei der damaligen geringen Kenntnis auf dem Gebiete der Medizin und Naturwissenschaft vor, daß man die Epilepsie, für welche man keine Erklärung hatte, bösen Geistern zuschrieb und diese Kranken als „vom Teufel besessen" bezeichnete. Aber dieselben wurden bemitleidet, jedermann suchte ihnen zu helfen, niemand fiel es ein, sie zu verfolgen.

Doch je mehr Unsittlichkeit, Habgier und Herrschsucht geistliche und weltliche „Obrigkeit" durchdrang, desto weniger sprach man von Gott und desto lieber vom „Teufel". Im Zeitalter der Glaubensspaltung des sechzehnten Jahrhunderts aber wurde der Teufel Hauptperson. Luther selbst sah ihn überall bei Tag und Nacht und der Aberglaube wurde systematisch großgezogen und ausgebeutet.

Calvin predigte, der größte Teil der Menschen sei schon für den „Teufel" erschaffen und zur ewigen Verdammnis vorausbestimmt. Luther ging nicht ganz so weit, aber auch nach ihm steht gar vieles mit dem Teufel im Bunde. Er wollte sogar den Teufel in unschuldigen kleinen Kindern erblicken. Einmal befahl er, ein zweijähriges Kind umzubringen, weil der „Teufel" dessen Vater sei. Bei einer anderen Gelegenheit forderte er die Leute auf, ein zehnjähriges Mädchen, welches etwas starken Hunger hatte, in die Mulde zu werfen und zu ersäufen, denn der Hunger sei der Heißhunger des in dem Kinde wohnenden „Teufels" (vgl. Luthers Werke, Halle 1743, XXII, 1171). An zahlreichen Stellen seiner Schriften hetzte er gegen die „Hexen" und verlangt, sie mit eigener Hand zu verbrennen.

Dieser Geist war Wasser auf die Mühle der Fürsten, welche für weltliche Interessen die geistliche und die weltliche Gewalt in ihrer Hand vereinigen und weder vom Papste noch vom Kaiser, noch durch die Rechte des Volkes gehindert sein wollten. Denn in der Praxis bestand für das Volk das Wesen der sogenannten „Reformation" darin, daß statt des *einen* allgemeinen Papstes für die ganze Kirche, jetzt jedes von der Kirche getrennte Ländchen seinen besonderen „Papst" hatte. Bis dahin war der Fürst nur weltlicher Landesherr gewesen, jetzt wurde er auch zugleich unbeschränkter geistlicher Gebieter und *Religionsfabrikant*. Jetzt stellte jeder Fürst die von seinen Juristen, genannt „Konsistorium", zusammengeflickten Lehrmeinungen als sogenannte „Landeskirche" auf. Wer sich derselben nicht unbedingt unterwarf, wer glaubte, an Menschensatzungen könne auch jeder Mensch nach Belieben „reformieren", wer auf **Gewissensfreiheit** *Anspruch machte*, wer dem alten Glauben seiner Väter nicht untreu werden wollte, der verfiel dem Galgen oder Scheiterhaufen, oder wurde wenigstens aus dem Lande vertrieben.

In Zürich wurde mit Gewalt unter Mord und Plünderung zum Abfall vom katholischen Glauben gezwungen, durch schwere Strafen das Volk genötigt, die Predigten des Zwingli anzuhören, sogar bei Todesstrafe verboten, über die Grenze auf katholisches Gebiet zu gehen, um den katholischen Gottesdienst zu besuchen. Die Glaubensänderung sollte erzwungen werden, damit die Gewalthaber die reichen Stifts- und Klostergüter stehlen konnten.

So war es auch in ganz Norddeutschland; noch viel schlimmer aber in England und Irland, wo die Dirne Elisabeth, ein im Ehebruche erzeugter Bastard, eine durchaus unsittliche Person, wütete. Die sog. Reformation setzte, an die Stelle der Gewissensfreiheit des einzelnen, als Reichsrecht den mit Galgen und Rad vertretenen Grundsatz *cujus regio, ejus* religio; sie unterwarf nicht nur die Leiber, sondern auch die Seelen völlig rechtlos der Willkür des Landesfürsten.

Wer das Land beherrscht, und wenn er's auch gestohlen, hat allein zu bestimmen, was von religiösen Dingen alle Bewohner dieses Landes glauben, welcher Konfession sie angehören sollen; Gewissensfreiheit hat nur der Inhaber der Staatsgewalt. Dieses System führte Luther ein. Etwas Schmachvolleres ist, so lange die Welt besteht, dem freien Menschengeiste noch nicht geboten worden.

Beliebte es jetzt einem Fürsten, die Konfession zu wechseln, so mußte auf seinen Befehl sofort das ganze Land, jeder einzelne Bürger ebenfalls den Glauben ändern, ohne jedes Recht auf eigenes Urteil und eigene Überzeugung. So mußte z. B. die Pfalz in kurzer Frist viermal die Konfession wechseln, vom Luthertum zum Calvinismus und umgekehrt überspringen, lediglich weil es ihrem Fürstlein beliebte, den religiösen Rock zu verändern. Offenbar der höchst denkbare Grad von geistiger Knechtschaft.

Das war tausendmal schlimmer als die Inquisition der katholischen Kirche. Denn diese verlangte doch nur, daß der Katholik bei seinem Glauben, in welchem er geboren und erzogen war, bleiben sollte. Daher trat denn auch, nachdem am Schlusse des achtzehnten Jahrhunderts der Geist der großen französischen Revolution die Gewissensfreiheit erzwungen hatte, eine verhängnisvolle Reaktion ein. Die große Masse des Volkes schüttelte mit dem Zwang der „Landeskirchen" die Konfession überhaupt ab, und setzte an ihre Stelle eine religiöse Gleichgültigkeit, welche auf den Titel „modernes Heidentum" einigen Anspruch hat. Und während die Mehrzahl der Protestanten nichts mehr glaubte, verfiel eine kleine Minderheit in die Übertreibung des pharisäischen Muckertums und spaltete sich in vierhundert Sekten. So etwa vierhundert erhält man, wenn man alle die verschiedenen Formen des Protestantismus, die in Europa und Amerika bestehen, zusammenzählt. Die meisten hat England; dort war der Glaubenszwang und die religiöse Tyrannei im sechzehnten und siebzehnten Jahrhundert am ärgsten, daher auch gerade hier der stärkste Rückschlag zum Unglauben und zur Willkür im Glauben.

Die geistlichen Stände der katholischen Kirche hatten gegenüber den Landesfürsten stets ihre stolze Selbständigkeit bewahrt. Sie waren allezeit imstande, fürstlicher Willkür mit Erfolg Widerstand zu leisten. Luther dagegen machte seine „Kirche" sofort zur rechtlosen Magd jedes Fürstleins und seiner Bureaukratie, ja schon zur Magd des nächsten Junkers, welcher „Kirchenpatron“ war. Jetzt wurde es in Norddeutschland jahrhundertelang Sitte, daß nicht selten der Prediger, welcher eine Pfarrei zu erlangen wünschte, erst einige Jahre beim Junker als Hauslehrer dienen, und dann sich noch gar verpflichten mußte, als Gegenleistung für die Anstellung die abgelegte Maitresse des sog. „Gutsherrn“ und Kirchenpatrons zu heiraten.

Auch die bürgerlichen Rechte des Volkes wurden jetzt rücksichtsloser zertreten, als jemals zur katholischen Zeit. Die Anmaßung des Junkertums und die Härte der Leibeigenschaft waren nirgends ärger, als im protestantischen Norddeutschland. Da kam es sogar bis zu dem schmachvollen Rechte der primae noctis, nach welchem jeder Bräutigam seine Braut für die erste Nacht der Ehe dem „Gutsherrn“ zur Schändung und Entehrung ausliefern mußte. Letzteren gegenüber hatte der protestantische Prediger gar keine Autorität; er war nur dazu da, dem Volke unbedingten Gehorsam und Untertänigkeit zu predigen. Und wer sich überzeugen will, ob das nicht heute noch so ist, der betrachte nur die Knechtschaft der Bauern in Mecklenburg, Pommern, Holstein und Ostpreußen, und vergleiche dann damit die unendlich bessere Lage der freien Bauerschaft im katholischen Bayern und in den Rheinlanden. An ihren Früchten sollt ihr sie erkennen! heißt es in der Bibel.

Was Luther unter „evangelischer Freiheit“ verstand, entpuppte sich, als sich 1524 die Bauern gegen die sowohl nach göttlichem wie nach menschlichem Rechte durchaus unzulässige Leibeigenschaft empörten. Da schrieb Luther zum Hohn aller Menschenrechte gegen die Bauern: „Der Esel muß Schläge haben und das Volk mit Gewalt regiert werden.“ Und die Junker mit ihren Kriegsknechten, die mit Mord und Brand unter den Bauern wüteten, waren dem Luther noch nicht einmal grausam genug. In einer eigenen Broschüre fordert er die Tyrannen zu noch ärgeren Greueln auf, indem er schrieb: „Es sind keine Teufel mehr in der Hölle, sie sind alle in die Bauern gefahren. Daher soll man die Bauern erwürgen, heimlich und öffentlich und wie tolle Hunde tot schlagen.“

In der ganzen Geschichte des norddeutschen Protestantismus gibt es auch nicht ein einziges Beispiel, wo dessen

Prediger für Volks- und Bürgerrechte gegen Fürsten, Bureaukraten und Junker aufgetreten wären. Überall waren sie nach dem Vorbilde Luthers die Verteidiger, Werkzeuge und Handlanger jeder Tyrannei der Kleinfürstlein und der Junker, ja sogar des korrupten Familienregiments in den freien Reichsstädten. Am verderblichsten empfand dieses Lübeck, das Haupt der einst so mächtigen Hansa. Dort stürzte der Einfluß der protestantischen Prediger den letzten Helden, der noch das Banner des deutschen Reiches und der Hansa gegen die Könige des Nordens hoch hielt, den kühnen Georg Wullenweber, weil er das Haupt der demokratischen Volkspartei war. Unter dem Vorwande, „er sei ein Ketzer und ein Wiedertäufer", ließ man ihn 1535 grausam foltern und hinrichten.

Selbst die alten Verfassungen der Reichsstädte waren vor den muckerischen Finsterlingen nicht sicher. Als 1600 der aus sogenannten „Patriziern" bestehende Rat von Lübeck Unterschleife und Spitzbübereien aller Art zur Bereicherung seiner Mitglieder und Kliquen begangen hatte, trat der Bürgerausschuß, seinen Präsidenten Dr. Reißer an der Spitze, vor ihn und forderte verfassungsgemäße Rechnungsablegung. Aber stumm wie Götzenbilder saßen der Bürgermeister Höveln und die Ratsmitglieder da und antworteten keine Silbe. Dagegen trat in ihrem Auftrage der Prediger Krumtunger dem Bürgerausschusse entgegen mit der Erklärung: „Der Rat ist von Gott eingesetzt und auf Erden niemand verantwortlich, **der Bürgerausschuß aber ist vom Satan erfunden.**" (Vergl. Beck, Geschichte von Lübeck.)

Dieser Satz der Todfeindschaft gegen alle Bürgerrechte war überall die Parole der protestantischen Prediger. Feige lagen sie vor den Fürsten und den Gewalthabern, die überall ihr Schicksal auf Gnade und Ungnade in der Hand hatten, auf dem Bauche. Wie ganz anders der katholische Klerus. Zogen die flanderischen Städte gegen die Könige von Frankreich oder gegen ihre eigenen Landesfürsten zum Kampfe, stets stritten als Vertreter der Demokratie viele Mönche und Priester in den Reihen der Bürger. Oft waren sie sogar Anführer und zwar recht radikale. Als sich 1451 die Stadt Gent gegen den Herzog Philipp von Burgund empörte, weil derselbe eine Salzsteuer einführen wollte, fielen in der Entscheidungsschlacht bei Aalst auf seiten des Volkes auch 200 Priester und Mönche. Und so durchgängig in allen freien Städten; nirgends war der Katholizismus ein Hindernis der Bürgerfreiheit.

Mit dem Übertritt zum Luthertum aber erbleichte sofort in den deutschen Reichsstädten der Stern der Volksrechte und des Bürgerstolzes immer mehr. Selbst mit dem Glanze der Hansa war es aus. Ein korrumpierendes Familienregiment der „Patrizier“ riß die Gewalt ganz an sich, aller Widerspruch verstummte. Das ganze dreizehnte, vierzehnte und fünfzehnte Jahrhundert sehen wir in diesen Städten nicht selten die Bürger gewappnet, nach Zünften geordnet, mit Schwert und Lanze Rechenschaft von ihrer „Obrigkeit“ fordern. Gar mancher Bürgermeister und stolze Patrizier fand den Tod durch Henkershand, verurteilt von der Volkssouveränetät tatkräftiger Bürger, die den Strang der Sturmglocke zum Aufstande gegen jede Verletzung ihrer Rechte zogen. Aber mit dem sechzehnten Jahrhundert wurde das anders. Die Lehre des Protestantismus, nach welcher jedes Fürstlein, jeder Graf, jeder Junker und jede „Obrigkeit“ ihre Macht „direkt an Gott“ habe und niemand verantwortlich sei, deckte jeden Mißbrauch der Gewalt, erstickte den Gemeingeist und die sittliche Kraft des Bürgerstandes. Es zog Feigheit ein, wo vorher der Stolz in freier Brust geherrscht. Ein elendes ängstliches Spießbürgertum ließ im sechzehnten, siebzehnten und achtzehnten Jahrhundert seine Bürger- und Menschenrechte ersäufen im Sumpfe schmählicher Dirnenregierung und offener Tyrannei der Herrschenden.

(Näheres darüber in meinem achtundzwanzigsten Werkchen: „Der Adel, oder Ursprung und Entwicklung des Wahnes angeblicher Geburtsvorzüge und seiner Früchte für das Leben der Völker im Laufe der Jahrhunderte.“ Dritte Auflage. Verlag von O. Th. Scholl in München. Preis 1 Mark.)

Da ist es erklärlich, wie willkommen den Gewalthabern unter solchen Umständen die Hexenprozesse waren. Galt ja doch nach den Grundsätzen des Protestantismus der „Landeskirche“ jede Wahrung von Bürgerrechten, jede Opposition gegen die Regierenden, als Teufelswerk. Mit der Folter der Hexenprozesse ließ sich von jedem freien Manne schon das Geständnis erpressen, daß er mit dem Teufel im Bunde stehe und nur in dessen Auftrage der „von Gott gesetzten Obrigkeit“ und ihrem Willen trotze. Luther hatte in seiner Abhandlung über das eheliche Leben gelehrt: „Derjenige, dem seine Ehefrau sich entziehe, solle zur Magd greifen und, wenn diese auch nicht wolle, sich eine Esther anschaffen und die Vasti laufen lassen, wie es der Perserkönig Assuerus getan.“ (Mucker, es steht in der Jenaer Ausgabe der Schriften Luthers, Teil II Seite 168.) Darum doch selbstverständlich: Alle Mädchen, welche sich der Geilheit der „Obrigkeit" zu entziehen suchten, alle Mütter, die ihr ihre Töchter nicht hergeben wollten, — o, die wehrten sich ja nur, weil sie schon einen Teufel zum Liebhaber hatten. Das Geständnis, daß sie solche „Hexen" seien, war durch die Folter bald zu erlangen.

Wer es tadelte, daß die Fürsten die geraubten Stifts- und Klostergüter mit Dirnen verpraßten, wer überhaupt nur um die Unsittlichkeit der Herrschenden sich kümmerte, lästerte ohne allen Zweifel nur auf Anstiften seines Meisters, des Teufels. Und wer nicht von der katholischen Kirche abfallen wollte, war offenbar Teufelskind. Hatte doch der Luther in seinem schmählichen Pamphlet „das Papsttum vom Teufel gestiftet" offen erklärt, der Papst sei der Teufel und Fürsten und Völker aufgefordert, mit allen nur möglichen Waffen und Grausamkeiten über die Anhänger des Papstes als Genossen des Teufels herzufallen.

Da konnten freilich, so ein paar Inquisitoren, wie sie bisher dem Papste genügt, nicht mehr ausreichen. Die protestantischen Fürsten machten sämtliche Kriminalgerichte ihrer Gebiete zu Hexengerichten, bei denen die Hexenprozesse von jetzt an bei weitem den größten Teil der ganzen Geschäftszeit in Anspruch nahmen. Denn Tausende wollten nicht freiwillig von der katholischen Kirche abfallen. Auch waren bei weitem nicht alle Klöster und auch nicht entfernt alle Priester entartet und weibersüchtig. Also regte sich auch hier starker Widerstand gegen das „Reformieren". Aber auch unter dem Volke gab es kluge Leute genug, die wohl wußten, daß das Volk von dem unermeßlichen Besitze der „toten Hand" doch noch weit mehr Genuß gehabt, solange derselbe in den Händen der geistlichen Korporationen war, als nun, wo er als Privateigentum des „Landesherrn" galt. Die Priester und Mönche hatten die Ländereien gewöhnlich zu mäßigen Preisen verpachtet und die Pächter nicht gedrückt. Auch hatten die Klöster stillschweigend die ganze Armenpflege geübt. An der Klosterpforte erhielt jeder Hungrige seine Mahlzeit, und jeder Wanderer fand im Kloster freies Nachtquartier. Ja, selbst die Versorgung der Invaliden hatten die Klöster gewährt. Hatte der Kaiser einen treuen Kriegsknecht, der durch Wunden dienstunfähig geworden war, so gab er demselben einen Panisbrief, d. h. ein kaiserliches Empfehlungsschreiben an ein Stift oder Kloster, wo dann der Invalide aufgenommen und unterhalten wurde.

Wie änderte sich das alles, als die Kirchengüter von den Fürsten geraubt, oder die Nonnenklöster „adelige Fräuleinstifte", d. h. Versorgungsplätze für die Maitressen oder die ohne Mann gebliebenen Weibspersonen des „Adels" wurden. Da war für die Armen dort nichts mehr zu holen, die fürstliche und junkerliche Habgier verschlag alles.

Für jeden, der damit unzufrieden war und tadelte, boten die Hexenprozesse Folter, Galgen und Scheiterhaufen. Denn die Unzufriedenheit konnte ja doch nur vom „Teufel" kommen, die Raubsucht und Unsittlichkeit der Kleinfürstlein und Junker war ja so „göttlich", darin bestand ja in der Praxis ihr „lauteres Evangelium".

Doch es gab auch politische Opposition. Alle wirklichen deutschen Patrioten konnten in den protestantischen Kleinfürstlein nur Reichsverräter erblicken. Bisher gab es staatsrechtlich in Deutschland nur einen Herrn, den Kaiser. Die Fürstlein waren seine Vasallen; sie waren in keiner Weise souverän, sondern einfach Lehnsleute. Jetzt aber predigte ihnen Luther: „Reichsverrat, Aufstand und Krieg gegen den Kaiser sei erlaubt um Gotteswillen." Und um den angeblichen „Gotteswillen" auch sofort deutlich zu bekunden, schlossen folgende Fürsten der Partei Luthers schon 1531 zu Schmalkalden ein revolutionäres Bündnis gegen den Kaiser: Johann von Sachsen, Philipp von Hessen, Philipp, Ernst und Franz von Braunschweig, Wolfgang von Anhalt, die Grafen von Mansfeld und die Städte Straßburg, Ulm, Konstanz, Reutlingen, Memmingen, Lindau, Biberach, Isni, Lübeck, Magdeburg, Bremen, Braunschweig, Göttingen, Goslar und Eimbeck. Ja, am 26. Mai 1532 wurde dieses Bündnis bis zum offenen Reichsverrate erweitert, indem der Franzosenkönig beitrat. Als bald darauf Sultan Soleimann II. mit 300 000 Mann gegen die deutschen Grenzen heranzog, weigerten sich die protestantischen deutschen Fürsten, ihre Truppen zum Reichsheere zu stellen, bis der Kaiser ihnen gestattete, die geraubten Kirchengüter vorläufig zu behalten. Der protestantische Herzog Moritz von Sachsen schloß 1552 wieder ein Bündnis mit dem Franzosenkönige, worin er ihm seinen Beistand dazu gelobte, daß der Franzose dem deutschen Reiche die Bistümer Metz, Tull und Verdün rauben könne. Das waren die Folgen der kirchlichen Revolution; sie machte deutsche Fürsten zu Handlangern der

Reichsfeinde, die den Franzosen und Türken gegen den deutschen Kaiser beistanden. Ja, Luther selbst konnte über die Früchte seines Werkes das furchtbare Verdikt fällen: „**Deutschland ist gewesen** und wird nie mehr sein, was es war." (Luther an Probst 1542, de Wette V, 451.)

Und alle, die damit nicht einverstanden waren, wurden als Zauberer, Hexen- und Hexenmeister, weil sie mit „Teufeln" weiblichen oder männlichen Geschlechts Unzucht getrieben, sich verbündet und „Wetter gemacht" usw. verbrannt.

Da gab es Hexenprozesse in Unzahl. Denn die Juristen der Fürsten waren noch viel grausamer und blutdürstiger als vorher die Dominikaner, und die fürstlichen Kassen lechzten noch viel hungriger nach Konfiskation des Privateigentums, als vorher die Priester.

VI.

## Teufel und Hexen überall. Zahlreiche historische Beispiele.

„Sie verschlingen die Häuser der Witwen, indem sie sich anstellen, als verrichteten sie lange Gebete."
Mark. 12, 40.

Hexenbulle und Hexenhammer sind das Schlechteste, was die katholische Priesterschaft der Menschheit geliefert. Und gerade dieses Schlechteste wurde vom Protestantismus am gierigsten ausgebeutet, mißbraucht und konserviert.

In Sachsen, dem damaligen Mittelpunkte der protestantischen Bewegung, konnte ein einziger Richter, Benedikt Carpzow, welcher von 1620—1666 Vorsitzender des Leipziger Schöppenstuhles war, sich rühmen, allein 20000 Todesurteile gefällt zu haben und zwar fast ausschließlich in Hexenprozessen. (Näheres in Thes. rer. publ. IV 812.)

Der Herzog Julius von Braunschweig berichtete, daß er zwischen Braunschweig und Wolfenbüttel einen ganzen Wald von Pfählen habe, an welchen Tausende von Hexen verbrannt worden seien. Deutschland bestand damals aus mehreren Hundert selbständigen Herrschaften und jede Stadt, ja schon jedes Gräflein mit einigen Quadratmeilen Gebiet hatte eigenes Gericht über Leben und Tod. Galgen und Rad, Folter und Scheiterhaufen waren Modeartikel ersten Ranges, und wurden im gleichen Umfange wie in Leipzig überall benutzt. Es dauerte sogar nicht einmal lange, so galt es als einen Beweis der „Frömmigkeit" der „Obrigkeit", mochte dieselbe auch sonst aus Räubern und Ehebrechern bestehen, nur recht viel Hexen und Hexenmeister zu verbrennen. Es ging ja auch so bequem. Um einen Prozeß wegen Diebstahls anstellen zu können, mußte man erst warten, bis außer dem Landesherrn und den Junkern auch noch ein anderer etwas gestohlen hatte und der Bestohlene Anzeige machte. Aber wegen Buhlschaft mit dem angeblichen Teufelchen und Hexenfahrt auf den Blocksberg konnte man jeden Mann und jedes Weib jeden Augenblick verhaften und foltern, sobald man ihr Vermögen zu rauben wünschte. Auf die Frage, ob Hexerei nur überhaupt möglich sei, trat man gar nicht ein; man wußte wohl, daß das Ganze Gaunerei war. Darum durfte auch im Hexenprozesse kein Verteidiger auftreten, darum hüllte man das ganze Verfahren in das tiefste Dunkel des Geheimnisses. Jeder, welcher widersprach, wurde gleich selbst als Verbündeter des Teufels eingesteckt.

Kein halbes Jahrhundert war nach der Kirchenspaltung vergangen, da hatte bereits die Leichtigkeit, mit welcher sich die protestantischen Gewalthaber durch die Hexenprozesse aller Gegner entledigten und Privateigentum raubten, den Neid der katholischen „Landesherrn" erregt. Und von diesen fing einer nach dem anderen an, die Hexenprozesse auch zur Sache seiner Staatsgerichte zu machen. Die Dominikaner brauchte man gar nicht mehr. Man prozessierte im eigenen Namen; nicht mehr im Namen und unter der Autorität des Papstes.

Über die Einzelheiten der Hexenprozesse und an Material zur Konstatierung der Zahl ihrer Opfer, ist nur wenig auf uns gekommen. Auf protestantischem Gebiete hat man eifrig diese Denkmäler der Schande vernichtet, besonders in Brandenburg. In Berlin wurde noch 1728 ein Mädchen wegen Buhlschaft mit dem Teufel zum Scheiterhaufen verdammt. Nur in einzelnen freien Städten haben sich Reste dieser Akten in den Archiven erhalten. In Preußen kommt ein freisinniger Geschichtsschreiber überhaupt nicht zur ungestörten Benutzung der Archive; um zugelassen zu werden muß einer erst als in der Wolle schwarz-weiß gefärbt und als Katzenbuckler bekannt sein. Die beste Fundquelle sind die Archive und die große Staatsbibliothek zu München; dort hat die Regierung keine solche Berliner Scheu vor Bekanntgabe der historischen Wahrheit. Und daher genügt auch das Vorhandene vollkommen, um ein klares Bild von den Zuständen und der Verkommenheit der „Justiz" zu geben.

In Frankfurt a. M. beschäftigte sich der hochwohlweise Rat der Stadt 1536 gar lange mit dem Prozeß eines Mädchens, welches durch Buhlschaft mit dem Meister Satanas von letzterem die Gewalt erlangt haben sollte, Geld aus jeder Wand zu zaubern. Aber trotz aller Folter wollte es nicht gelingen, das Mädchen zu bewegen, seine Fertigkeit zugunsten der Taschen der Ratsmitglieder auszuüben. In diesem Falle wäre es sicher nicht verbrannt worden.

Zu Freudenberg im Schwarzwalde wurde eine Hebamme angeklagt, hundert Kinder umgebracht und mit wahren und wirklichen Teufelskindern vertauscht zu haben. Sie mußte natürlich den Scheiterhaufen besteigen. Leider wird in der Chronik nichts Näheres darüber erzählt, ob man auch die „Teufelskinder" vom Leben zum Tode gebracht hat, wie es Luther vorschreibt. (Gräter, Iduna I Nummer 16.)

In Quedlinburg wurden 1589 an einem Tage 133 Hexen verbrannt, weil sie zur großen Hexenversammlung auf dem Blocksberge das Getränk geliefert und deshalb den Wein aus vierzehn Kellern der Stadt geholt hätten. Durch die Folter hatte man sie gezwungen, es zu bekennen und alle wurden verbrannt mit Ausnahme von vier außergewöhnlich schönen Mädchen. Diese schaffte der Henker auf Seite als Konkubinen für die Stadtrichter, indem man dem Volke sagte, der Teufel habe sie durch die Luft entführt. (Vgl. Hormayr, Taschenbuch von 1836 Seite 339.)

Im Jahre 1562 verursachte ein Hagelwetter großen Schaden zu Eßlingen im Lande der Schwaben. Der Prediger Naogeorgus erklärte, das komme daher, daß es noch Katholiken in der Stadt gebe, diese ständen im Bunde mit dem Teufel und hätten das Wetter herbeigehext. Und jetzt verbrannte man Hexen in großer Menge ein ganzes Jahrhundert lang bis 1663, wo noch 35 daran glauben mußten. (Pfaff, Geschichte von Eßlingen.)

In Horb auf dem Schwarzwalde hatte es 1578 gehagelt. Sofort wurden neun Weiber verhaftet, unter der Anklage, den Hagel gezaubert zu haben. Sie wurden gemartert, bis sie es bekannten und dann verbrannt. (Steinhofers Chronik.)

In Naumburg a. d. S. verbrannte man 1604 eine ehrsame Hexe, weil sie aus weiter Ferne jemand die Augen aus dem Kopf gezaubert habe. (Bernhardi, Naumburger Chronik Seite 309.)

Massenhaft mußten 1595 in Spandau Hexen und Hexenmeister brennen, weil sie Knöpfe, Garn und andere Dinge, welche der Teufel auf die Straße gestreut, aufgehoben hatten. (Francisci Relation von 1595.)

In demselben Jahre wurde zu Halle, wo es damals schon zahlreiche Mucker gab, eine lahme Frau so lange gefoltert, bis sie bekannte, auf der höchsten Spitze des roten Turmes mit dem Teufel Unzucht getrieben zu haben. In Hildesheim wurde 1615 ein Knabe verurteilt und umgebracht, weil er sich in eine Katze verwandelt habe. In Wolfenbüttel verbrannte man 1591 eine hundertsechs Jahre alte Frau als — alte Hexe.

Der Schultheiß Geiß zu Lindheim in der Wetterau ließ den Weibern seiner Feinde zuerst auf der Folter alle Glieder zerfleischen. Dann wurden sie im Hexenturm völlig nackt 10 bis 15 Fuß vom Boden an den Armen aufgehängt. Dort ließ man sie in der Pein schweben, bis sie dem Tode nahe waren. Dann erst zündete man auf dem Boden des Turmes ein Feuer an und ließ die Unglücklichen langsam braten, wobei man vorsichtig dafür sorgte, daß der Rauch gehörig Abzug hatte und sie nicht zu frühe erstickte, sondern das Feuer ein Glied nach dem anderen bei lebendigem Leibe verzehren konnte. Näheres darüber in Horst, Dämonomagie II Seite 349.

In Straßburg wurde 1633 ein Knabe verbrannt, weil er bei Nacht auf einem mit sechs Katzen bespanntem Wagen den Jesuiten Briefe gebracht habe. Theatrum Eur. III 34.

Den höchsten Ruhm erlangte die Juristenfakultät zu Helmstädt. Diese verurteilte 1639 eine „Hexe", weil sie den Teufel in Gestalt eines Schweines im Stalle gehabt. (Horst, Zauberbibliothek IV 334.)

Zu Solothurm verbrannte man 1549 ein Weib, welches auf einem Wolfe, welches der Teufel gewesen, in den Wald geritten sein sollte. Nach Lage des Falles hatten nachbarlicher Neid und Haß freien Spielraum zur Denunziation. Die Folter sorgte ja für das Geständnis.

In Augsburg wurde 1688 ein zwanzigjähriges Mädchen, welches schon im sechsten Lebensjahre, und 1694 eine 84jährige Frau, die schon im zehnten Jahre mit dem Teufel gebuhlt haben sollte, verbrannt. (Wagenseil, Unterhaltungsbuch I 13.)

In dem kleinen Zuckmantel in Schlesien wurden für die Hexenprozesse acht Henker gehalten, welche vollauf zu tun hatten, wie das „Theat. Europ." berichtet. In Salzburg verbrannte man in einem einzigen Jahre 97 Hexen und Zauberer. In Osnabrück mußten binnen wenigen Monaten achtzig Menschen brennen, darunter ein zehnjähriges Mädchen, welches man durch Marter gezwungen hatte, zu bekennen, daß es mit dem Teufel bereits zwei Kinder gemacht und mit dem dritten schwanger gehe. Ohne allen Zweifel haßte die sogenannte „hohe Obrigkeit" die Eltern des Mädchens und offenbarte darum an letzterem in dieser Weise ihr „Evangelium".

In Hamburg verbrannte man 1521 den Arzt Veythes, weil er ein von der Hebamme und zwei anderen Ärzten aufgegebenes Weib noch glücklich entbunden hatte. Da fand der Neid der unwissenderen Kollegen, daß so etwas nur einem Hexenmeister unter Beistand des Teufels möglich sein könne und machte Anzeige. Solche „Kollegen" gibt's auch heute noch.

In dem damals noch deutschen Besançon mußten drei Bürger den Scheiterhaufen besteigen, weil sie sich in Wehrwölfe verwandelt und als solche nachts die Straßen der Stadt unsicher gemacht hätten. In Lindheim wurden sechs Weiber durch die entsetzlichsten Martern gezwungen, zu bekennen, daß sie auf dem Kirchhofe des Ortes ein Kind ausgegraben und gekocht hätten. Der Mann einer dieser Frauen erzwang endlich, daß das Grab des angeblich geraubten Kindes in Gegenwart vieler Zeugen und der „Ortsobrigkeit" geöffnet wurde und da fand man das Kind unverletzt im Sarge. Aber da sagten die „Hochweisen", das sei eine vom Teufel vorgespiegelte Sinnestäuschung, was die Weiber auf der Folter bekannt, bleibe dennoch wahr, und sie mußten brennen. Dieser Fall beweist mehr als alles, daß die Schurken, welche die Hexenprozesse betrieben, wider besseres Wissen handelten. Denn wie hätten sie sonst eine Leiche als geraubt bezeichnen können, die sie selbst noch im Sarge gefunden hatten.

In Schweden wurde ebenfalls jede Opposition gegen die Tyrannei der Herrschenden durch Hexenprozesse erstickt. Machte sich der Mann unbequem, dann mußten seine Frau und Kinder es büßen auf Folter und Scheiterhaufen. So verbrannte man in einem einzigen Jahre zu Mora in Dalekarlien 72 Weiber und 15 Kinder.

Als die schwedischen Räuberbanden im dreißigjährigen Kriege Deutschland verwüsteten, waren sie überall die Beförderer der Hexenbrände und weideten sich an den Qualen der Unglücklichen. Auch brachten sie verschiedene neue grausame Folterarten aus ihrer Heimat mit, die in Norddeutschland begierig angewendet wurden. War ja doch der Hauptmann der Schweden, Land- und Seeräuberkönig Gustav Adolf ein frommer Mann, und mußte daher durch Folter und Scheiterhaufen den „Teufel" bekämpfen. Aber interessieren wird es, zu erfahren, daß dieser Tartüffe kaum so weit war, sich in Deutschland auszubreiten, als er sofort die Gelegenheit benutzte, einen seiner Bastarde hier abzulagern und mit geraubtem katholischem Kirchengute zu versorgen.

Der in der Reihe der Bischöfe von Osnabrück vorkommende „Gustav von Wasaburg" ist ein Bastard des Schwedenkönigs Gustav Adolf. Als die Schweden 1632 Osnabrück besetzten, vertrieben sie von dort den katholischen Bischof Franz Wilhelm Graf von Wartenberg und setzten den Bastard ihres Meisters als „lutherischen Bischof" an dessen Stelle. Im Jahre 1648 wurde aber der Bastard wieder verjagt und Bischof Franz Wilhelm kehrte nach Osnabrück zurück. Nun ja, vom Wesen eines richtigen Muckers sind Unzucht und Bastarde absolut unzertrennlich. Davon kann man sich noch heute im Wuppertal überzeugen. Alle Störung des konfessionellen Friedens, die von dort und überhaupt vom bergischen Lande ausgeht, hat weiter keinen Zweck, als die Aufmerksamkeit des Volkes von der Unzucht und den Dirnen der reichen Mucker und der Dietze-Moral der Stadtverwaltung abzulenken und auch die Klopffechter, die sich als deren bezahlte Werkzeuge dazu hergeben, sind durchgängig schmutzig.

Auffallend wenig Hexenbrände sah Freiburg im Breisgau, welches wie die umliegende Landschaft unter österreichischer Herrschaft stand. Nur einige fremde Landstreicher schaffte man sich mit dem bequemen Mittel vom Halse. Die erste Hexe, deren Akten sich im Stadtarchiv finden, ist eine Besenbinderin Anna Schweizer, und auch diese verhaftete man erst auf eine Denunziation des Rats von Basel. Dort sollte sie „ein rechtes Wetter mit Donner und Hagel" über die Stadt gezaubert haben. Und da fand man, daß es seit der Anwesenheit der armen Person in Freiburg auch schon einmal gehagelt hatte. Das besorgt zu haben, gestand sie denn auch, als man ihr in der Folterkammer die Marterinstrumente zeigte, ohne Mühe und wurde im Sommer 1546 verbrannt, jedoch sollte der Henker ihr zuerst mit einem Strick den Hals zuziehen, ehe er den Scheiterhaufen anzündete, damit sie vom Feuer nichts zu fühlen bekam.

Dann folgen einige Jahre später zwei Zigeunerinnen, welche „Pferde aus dem verschlossenen Stall gezaubert hatten". Das verstehen die Zigeuner auch heute noch, und zwar ohne Teufel. Damals aber mußte notwendig bei allem das Teufelchen dabei sein, daher wurden die beiden Weiber als Hexen hingerichtet und ihr Körper verbrannt. Die männlichen Mitglieder der Zigeunerbande hatten sich mit den Pferden durch die Flucht gerettet.

Und jetzt nichts mehr bis 1618. Da kommt, wieder auf Denunziation von auswärts, eine „Hexe". Des Webers Töchterchen von Lehen, Ursula Müntzer, wurde am 9. Juni 1618 eingezogen. Zu ihr ist der Teufel als „junger Bursche" auf dem Felde gekommen und sie hat sich ihm hingegeben; dann ist sie auf den Kandel zum Hexentanze gefahren, wie sie auf der Folter bekannte. Auch sah sie auf dem Kandel die Agatha Schächer. Diese war aber auch auf der Folter lange nicht zum Geständnis zu bewegen, welche Standhaftigkeit aber nur die Folge hatte, daß die arme Agatha lebendig verbrannt wurde, während es vorher in Freiburg Regel gewesen war, die „Hexen" möglichst schmerzlos zu töten und nur den toten Körper zu verbrennen.

Nun ist wieder jahrzehntelang Ruhe in Freiburg. Dann kommen als hier die letzten Hexen „die dicke Bärbel vom Fischmarkt mit dem feinen Pelz" und die „reiche Bäckerin mit den schönen Kleidern". Die Zusätze lassen vermuten, daß der Neid der Nachbarinnen, die keinen feinen Pelz und keine schönen Kleider hatten, stark im Spiele war. Die beiden bekannten denn auch schließlich den Umgang mit dem Teufel, der ihnen große Beutel voll Geld gebracht, auch daß sie zum Hexentanze auf dem Kandel gewesen, nachdem man sie wiederholt gefoltert hatte. Auf dem Scheiterhaufen fanden sie ihr Ende.

Viel mehr Hexen wurden dagegen in Offenburg verbrannt, wo offenbar Haß und Bosheit den zeitgemäßen Modeartikel stark ausbeuteten. Die Akten darüber sind noch vorhanden. Mit dem Jahre 1627 fing in dieser Stadt das Unwesen an, und zwar ganz schauderhaft für ein so kleines Nest. Ein Prozeß dauerte hier nur höchstens zwei bis drei Wochen. Die Verhafteten wurden sofort anhaltend Tag und Nacht gefoltert, bis sie bekannten. Erfolgte Widerruf, so wurde weiter gemartert, vier bis sechs Mal die Tortur wiederholt, bis die Angeklagten entweder auf der Folter starben oder als geständig verurteilt werden konnten. Jede mußte gleich auch noch auf mehrere andere bekennen, damit es an Vorwänden zu weiteren Prozessen nicht fehle. Auch die Folterkammer zu Offenburg war sehr reichhaltig ausgestattet und umfaßte alle Instrumente, wie diejenige einer großen Stadt.

Am 1. Dezember 1627 wurden Katharina Holzmann, Kleopha Hetzler und Anna Spengler wegen Zauberei, „weil sie Gott und die Heiligen verleugnet, Menschen, Vieh und den lieben Feldfrüchten Schaden zugefügt", zum lebendig Verbrennen verurteilt, doch sollten sie aus Gnade zuvor geköpft werden. Den 20. Dezember war schon ein weiterer Prozeß beendet und Witwe Lucie Satorie, Christian Hausers Frau und Simon Haller wurden, weil sie Gott verleugnet, Hexenhochzeit gehalten und mit dem Teufel gebuhlt, mit dem Feuer vom Leben zum Tode gebracht.

Am 12. Januar 1628 wurden schon wieder fünf reiche Frauen verbrannt und ihr Vermögen konfisziert. Aber da erfolgte ein Einspruch der österreichischen Regierung, welche von den konfiszierten Gütern ihren Anteil verlangte, und — sofort stockten die Hexenprozesse in Offenburg. Damit ist doch klar erwiesen, daß man nur verbrannte, um das Vermögen der unschuldig Gemeuchelten rauben zu können.

Allein die beiden Geschäftskonkurrenten, Regierung und Stadt, scheinen sich über die Teilung der Beute verständigt zu haben, denn am 14. Juni 1628 wurden schon wieder drei Hexen zum Feuertode verdammt, welche man durch die Folter zum Geständnisse gebracht hatte. Eine derselben widerrief noch auf dem Wege zur Richtstätte, so daß man die Hinrichtung verschieben mußte. Doch die erneuerte Folter brach schnell den Widerstand und die Angeklagte wurde mit noch größerer Grausamkeit umgebracht, als die übrigen Hexen.

Unterm 1. Juli 1628 steht im Ratsprotokolle eingetragen: „In dieser Nacht 11 Uhr ist des Wälschen Mägdlein auf dem Hexenstuhl plötzlich gestorben, nachdem dasselbe noch kurz vorher versichert hatte, unschuldig zu sein. Es war Sitte, wenn eine Angeklagte beim Verhör abends nicht bekannte, sie dann die ganze Nacht in der furchtbaren Marter auf den Spitzen des Hexenstuhls sitzen zu lassen. Diese Qual hatte das Mädchen getötet, aber obgleich es nicht bekannt hatte und nicht überführt und verurteilt war, wurde doch beschlossen, es unterm Galgen zu begraben.

Am 7. Juli wurden wieder vier Hexen gerichtet, wovon eine ihr Geständnis zurücknahm, dasselbe aber bei erneuerter Folter wieder bestätigte und dann verbrannt wurde.

Am 27. Juli wurde jedem, der eine Hexe einliefere, eine Fanggebühr von zwei Schilling versprochen. Dann berichten die Protokolle wieder von neuen Streitigkeiten mit der österreichischen Regierung über die Teilung des konfiszierten Eigentums der verbrannten Hexen. Das Verbrennen ruhete daher wieder einige Monate.

Aber am 29. November wurde des Stettmeisters Bauer Tochter, des Stettmeisters Thoma Hausfrau, des Michael Maiers Hausfrau und die Witwe Anna Hauser nach greulichen Folterqualen verurteilt und verbrannt. Ebenso am 13. Dezember schon wieder vier andere Weiber und am 22. Januar 1629 abermals drei Stück.

Am 14. Februar wurden zwei Hexenmeister verbrannt. Am 4. Mai wurden wieder vier Weiber verurteilt, wovon eine, die Hebamme, sogar auch noch auf dem Wege zum Richtplatze zweimal an den Brüsten mit glühenden Zangen gezwickt wurde.

Am 25. Mai wurden abermals fünf Hexen verbrannt. Am 8. Juni wurden zwei Hexen und zwei Hexenmeister, und am 4. Juli fünf Hexen und ein Hexenmeister gerichtet.

Wegen der großen Mühe „mit diesen Unholden" verlangte die Geistlichkeit vom Rate eine besondere Vergütung, welche ihr aber „für dieses Mal" noch abgeschlagen wurde.

Am 27. August wurden wieder sieben Hexen verurteilt, wovon einer, des Nagels Frau, sogar noch vor dem Verbrennen die Brüste mit der glühenden Zange zerrissen werden sollten. Am 20. September wurde Jakob Künstlin in den Hexenturm gesetzt, weil zwei Hexen zu Gengenbach auf der Folter bekannt, daß sie ihn auf dem Hexentanze gesehen. Am 8. Oktober wurden weiter verhaftet: Maria Götzen, Michael Wittich, die Frau des Jakob Häuslin und des Lebküchlers Tochter. Dieselben wurden sofort gefoltert, am 17. Oktober hatten sie alle fünf bekannt und am 19. Oktober wurden sie verbrannt.

Die Denunziationswut stieg mit jedem Tage. Am 30. Oktober erbot sich jemand, vom Kinzigtor bis zu des Kürschners Haus acht Hexen und Hexenmeister zu finden. Einige davon schienen der hochwohlweisen Obrigkeit wirklich reif für das Gefängnis zu sein. Denn am 9. November wurden eingezogen Margarethe Pulver und Franz Göppert, und am 12. November der Stettmeister Georg Bauer und die reiche und schöne Maria Walter. Schon nach wenig Tagen hatten alle bekannt, denn die Foltergeräte zu Offenburg waren von solider Art. Aber nachdem schon die Hinrichtung auf den 21. November festgesetzt war, widerrief die Maria Walter, welche zum Sterben durchaus noch keine Lust hatte, am 19. November ihr Geständnis und schwur zu Gott und allen Heiligen, daß sie keine Hexe sei und den Meister Satanas gar nicht kenne. Da beschloß der Rat, am 23. November zunächst die Geständigen hinrichten zu lassen.

Die Maria Walter aber wurde nun wiederholt nachts auf den Hexenstuhl gesetzt und hatte den 7. Januar 1630 bereits zweimal bekannt. Aber vorläufig war sie infolge der Tortur außerstande, zur Richtstätte gebracht zu werden. Der Rat fürchtete einen Aufstand der Bürger, wenn er das allgemein geachtete Mädchen in diesem Zustande dem Volke zeigte. Man glaubt gar nicht, welche Angst die angeblich von Gott gesetzte Obrigkeit vor dem Volke hat, wenn dieses nur fest zugreift; dann weiß sie plötzlich wieder, daß sie nur des Volkes Diener ist.

Unter dem Vorwande, das weit verzweigte Hexenwesen gründlich aufklären und deshalb eine Hexe mit der anderen konfrontieren zu wollen, ließ man also die Walter weiter leben im Gefängnisse. Zugleich zog man die Frau des Georg Holdermann ein, die schon längst beschuldigt, aber wegen Schwangerschaft zu Hause geblieben war. Nachdem sie gefoltert worden, gestand sie, die Maul- und Klauenseuche, an welcher kürzlich einige Stück Rindvieh (jedoch nicht diejenigen vom Rat) umgekommen waren, herbeigezaubert zu haben.

Am 14. Januar 1630 verhaftete man Ursula, die Tochter des reichen Jakob Bürkner. Dieselbe wollte anfangs auch auf dem Hexenstuhl nicht bekennen, erst als man sie mit rückwärts gebundenen Händen auf der Leiter ausreckte und ihr dabei mit geweihten Wachslichtern in den Achselhöhlen brannte, wurde sie mürbe und bekannte, mit dem Teufel getanzt zu haben und zwar auf dem Kandel im Breisgau. Da wurde sowohl ihr als der Walter und der Holdermann das Todesurteil dahin gesprochen, daß alle drei am nächsten Freitag lebendig verbrannt werden sollten.

Doch vorher am Donnerstag sollten sie einander gegenübergestellt werden, um noch ihre Mitschuldigen anzugeben. Im Falle sie dieses reumütig tun würden, solle ihre Strafe dahin ermäßigt werden, daß der Henker sie vorher erwürgte, ehe er den Scheiterhaufen anzündete.

Diese Tücke war allgemein üblich. Man rechnete darauf, daß die Unglücklichen, welche mit dem Leben abgeschlossen hatten und sich rettungslos verloren wußten, begierig die Gelegenheit ergriffen, es wenigstens abzuwenden, daß sie bei lebendigem Leibe verbrannt wurden, und deshalb alle diejenigen als ebenfalls bei der Hexenversammlung anwesend gewesen bezeichnen würden, deren Namen der Stadtrichter ihnen nannte.

So geschah es auch in der Regel; aber dieses Mal kam es anders. Kaum waren die drei Verurteilten zusammen, da widerriefen sie alle ihre Geständnisse als lediglich durch die Martern der Folter erpreßt. Sie selbst seien auf keinem Hexentanze gewesen, folglich könnten sie auch niemand dort gesehen haben.

Entsetzen packte die Mitglieder des Rats, als der Stadtrichter diesen Bericht erstattete. Denn schon murrte das Volk laut; der Glaube an die Unfehlbarkeit der Hexenurteile war längst erschüttert.

Am 25. Januar begab sich der Bürgermeister mit dem gesamten Rat ins Gefängnis zu den Verurteilten, um sie zu ermahnen, den Widerruf zurückzunehmen. Man gedachte sie einzuschüchtern. Aber alle drei erklärten, sie seien unschuldig, ja, die Walter sprach den Fluch über die Stadt aus, welche so ungerechte Richter habe und forderte den Bürgermeister und den ganzen Rat mit Kindern und Kindeskindern wegen des vergossenen unschuldigen Blutes vor Gottes Gericht.

Bestürzt weigerten jetzt mehrere Ratsmitglieder ihre Zustimmung zu weiteren Maßregeln gegen die Verurteilten und sprachen: „ich bin unschuldig an ihrem Blute." Der Rat beschloß, den Beistand der Geistlichkeit anzurufen.

Aber da erinnerte sich der Stadtpfarrer, daß der Rat im Juli sein Gesuch, um eine besondere Vergütung für die Arbeit, welche die Priester mit den Hexen haben, abgewiesen hatte und kam nach reiflicher Erwägung zu dem Entschluß, daß die Priesterschaft kein Interesse an den Hexenprozessen habe, wenn ihr diese nur Mühe aber keinen Verdienst eintrügen.

Er erwiderte daher dem Rate, in einer so wichtigen Sache müsse er das Gebet der ganzen Gemeinde in Anspruch nehmen, damit Gott ihn erleuchte, die Wahrheit zu finden. Und dann ließ der Hochwürdige die Glocken läuten und alles Volk in der Kirche versammeln. Hier hielt er eine Ansprache, welche nichts als eine Aufwieglung gegen die Hexenprozesse war, um dann schließlich eine Betstunde folgen zu lassen, worin der heilige Geist um Erleuchtung der Obrigkeit angerufen wurde, damit kein unschuldiges Blut vergossen würde. Darauf begab er sich ins Gefängnis zu den „Hexen", um schließlich vor versammeltem Rate zu erklären: „ich finde keine Schuld an ihnen."

Das war am 4. Februar; bewaffnet zog das Volk zu Hunderten durch die Straßen. Man wartete nur auf das Urteil des Pfarrers, um das Rathaus zu stürmen und die Entlassung der drei „Hexen“ zu erzwingen.

Da beugte sich die „Obrigkeit“ vor der Majestät des Volkes. Sofort wurden nicht nur die drei Verurteilten freigesprochen und ihren Familien zurückgegeben, sondern auch beschlossen, keine weiteren Hexenprozesse anzustellen. Das verkündete der Pfarrer den Bürgern, welche trotzdem den Stadtrichter gehängt haben würden, wenn derselbe noch in der Stadt zu finden gewesen wäre.

Offenburg zählte damals höchstens 5000 Einwohner. Und doch waren hier in drei Jahren sechzig Personen als Hexen und Hexenmeister hingerichtet worden. Ähnlich ging es fast überall in Deutschland, an manchen Orten noch viel ärger.

Sogar das kleine Bräunlingen hatte seine Hexenbrände. Im Jahre 1632 wurden dort zwei Bürgerinnen Verena Hornung und Magdalena Schweng eingezogen, weil sie Wetter gemacht und durch Hagel den größten Teil der Gemeindefluren verwüstet. Weil sie es nicht gestehen wollten, wurde das Bekenntnis durch die Folter erpreßt. Am 9. Juni wurden sie geköpft und dann verbrannt. Im nächsten Monate wurde zu Bräunlingen schon wieder eine Hexe hingerichtet, bei welcher die Haselruthen genügt hatten, das Geständnis zu erzwingen, daß sie die Kühe ihrer Nachbarin behext. Diese „Hexe“ machte sich übrigens das Vergnügen, als sie Mitschuldige nennen sollte, als die schlimmsten Hexen im Land die Frau des Stadtrats Riedmüller und diejenige des Bürgermeisters zu bezeichnen. Da wollte man nichts weiter wissen und ließ sie noch am gleichen Tage köpfen, wahrscheinlich damit von solchen Bezichtigungen das Volk nichts erfahre. Drei Jahre später, nachdem ihr Mann gestorben war, kam die Riedmüller aber doch noch auf den Scheiterhaufen. Sie hatte Streit mit einer Nachbarin und als dieser zufällig ein Kind starb, mußte die bereits früher dominierte Hexe daran schuld sein. So lag für nachbarlichen Haß und Neid nichts näher, als daß man bei jedem Unfall in Haus und Stall, in der Natur wie auf dem Felde zu einer Denunziation wider eine Person griff. Und als ein paar Jahre später einmal die Zahl der Feldmäuse außergewöhnlich groß war, mußte deshalb die Martha Biggen den Scheiterhaufen besteigen. Durch die Folter hatte man von ihr das Bekenntnis erpreßt, daß sie den Bräunlingern die

Mäuse herbeigezaubert, weil sie vor dem Ortsgerichte einen Erbschaftsprozeß verloren habe.

Im Jahre 1666 fand man zu München einen 70 jährigen Mann nackt auf dem Felde liegen. Das mußte ohne Zweifel ein Hexenmeister sein. Als er unter der Peitsche nicht bekannte, zwickte man ihn so lange mit glühenden Zangen, bis er zu allem, was man fragte, ja sagte und verurteilte ihn dann zum Scheiterhaufen.

In Glatz streute 1680 ein Weib einer reichen Nachbarin Baldrian vor die Tür. Natürlich versammelten sich darauf alle Katzen der Nachbarschaft vor dem Hause, um sich in dem ihnen angenehmen Baldrian herumzuwälzen und dabei ihr niedliches Konzert anzustimmen. Das war bei der hohen Obrigkeit sofort eine Hexenversammlung; alle Weiber des betreffenden Hauses wurden verhaftet und durch die Folter gezwungen, zu bekennen, daß sie durch den Teufel, ihren Meister, alles Unheil verschuldet, welches seit Jahren die Stadt getroffen; auch daß die Katzen vor dem Hause die in solche verwandelten Hexen der Umgegend gewesen, welche ihnen einen Besuch abgestattet. Da man acht Katzen gezählt hatte, mußten die Gemarterten auf acht weitere Weiber bekennen und so hatte man immer reichlich Stoff zu neuen Hexenbränden und — Vermögenskonfiskationen.

Ein Mainzer Domdechant ließ, wie Steiner in der Geschichte von Dieburg berichtet, in den Dörfern Krotzenburg und Bürgel mehr als 300 Menschen als Hexen und Hexenmeister verbrennen, nur um ihre Ländereien mit den Stiftsgütern vereinigen zu können. In Dieburg wurden in dem einen Jahre 1627 allein mehr als fünfzig Personen verbrannt. Die Folter erpreßte hier wie überall die Geständnisse; wurden letztere widerrufen, so schritt man zu noch grausamerer Marter. Daß irgend eine „Obrigkeit“ im Ernste geglaubt, durch solche Mittel erforsche man die Wahrheit und kein Unschuldiger bekenne, kann doch kein ehrlicher Mensch behaupten.

In dem kleinen Flecken Echzel ließ der Landgraf von Hessen-Homburg auf Anstiften des Predigers Soldan 1657 mehr als vierzig Menschen wegen Buhlschaft mit dem Teufel hinrichten, darunter zehn angebliche „Teufelskinder“ unter 14 Jahren.

In Fulda betrieb Balthasar Voß, der Schreiber des Abtes, die Hexenprozesse und brachte innerhalb 19 Jahren über 700 Personen zum Feuertode. (Vgl. Soldan, Geschichte der Hexenprozesse, Seite 312.) In Trier drohete ein Scherge einer reichen Witwe, sie als Hexe anzuzeigen, wenn sie ihm kein Geld für Wein gebe. Und als sie sich weigerte, brachte er sie wirklich auf den Scheiterhaufen. Welche Freude wäre das für manchen Gamaschenknopf mit Schnapsnase und rotem Gesicht in unseren Tagen, wenn er diejenigen, die ihm im Wirtshause nicht Schnaps und Bier zahlen, als Zauberer anzeigen könnte. Auf Meineide kommt es solchem Schmarotzer ja nicht an.

In Steyermark ließ der Junker Purgstall den zehnten Teil seiner „Untertanen“ als Hexen verbrennen. (Vgl. die Gallerie auf der Riegersburg, Darmstadt 1845.)

Erzbischof Johann von Trier ließ 1585 so viele Hexen verbrennen, daß in zwei Dörfern nur 2 Weiber übrig blieben. Unter den Verbrannten waren die Pfarrer von Mehring, Schillingen und Fell. In 27 Gemeinden um Trier verfielen 368 Personen dem Scheiterhaufen und — was die Hauptsache war — ihr Vermögen wurde konfisziert. In Montabaur wurden 1593 dreißig Hexen gerichtet.

Bürgermeister Pferinger von Nördlingen wünschte das Vermögen seiner Feinde zu konfiszieren und betrieb daher von 1590—1594 äußerst fleißig die Hexenprozesse. Schon hatte er 32 wohlhabende Frauen foltern und verbrennen lassen, als er auch Maria Holl, die Frau eines reichen Gastwirts verhaften ließ. Diese hielt 56 Torturen der scheußlichsten Art aus, ohne sich der Teufelsbuhlschaft schuldig zu bekennen.

Wahrscheinlich versorgte ihr Gatte während ihres Prozesses den Henker und seine Knechte gut mit Trank und Futter, so daß dieselben so freundlich waren, seine Frau nicht zu hart anzufassen und nur zum Schein zu foltern. Das kam oft vor, denn bestechlich waren sie alle, vom Richter bis zum Büttel. Außerdem wurde das Volk aufgewiegelt; ein tüchtiger Wirt hat immer Anhang. Laut schimpften die Bürger über die Grausamkeit des Bürgermeisters gegen eine unschuldige Frau und derselbe war seines Lebens nicht mehr sicher. Zugleich hatte man für eine nachdrückliche Reklamation des Magistrats von Ulm gesorgt, worin mit Repressalien gedroht wurde, da die Holl von dort gebürtig war. Da mußte der Bürgermeister sich fügen und die Wirtin freilassen. Jetzt aber erhoben sich die Bürger und erzwangen auch die Freilassung der übrigen noch im Hexenturm sitzenden Weiber. Seitdem wurde in Nördlingen keine Hexe mehr hingerichtet.

Bischof Adolf von Würzburg ließ 1627 auf einmal 42 Hexen, und während seiner Regierung überhaupt, deren 219 verbrennen. Darunter befanden sich 4 Domkapitulare, 8 Vikare, 1 Doktor, 18 Schulknaben, ein blindes Kind und ein 9jähriges Mädchen mit seinem noch jüngeren Schwesterchen. (Vgl. Hauber, bibl. mag. 3.)

Noch größern „Ruhm" erlangte der Bischof Valentin von Rieneck zu Bamberg, welcher mehr als 600 Menschen umbrachte, und dann den Bericht darüber drucken ließ unter dem Titel: „Wahrhaftiger Bericht von 600 Hexen usw., gedruckt mit des Bischofs Zustimmung 1659." Der bischöflich freisingenscher Vogt ließ fast alle Weiber in der Nähe des Schlosses Werdenfels als Hexen verbrennen, weil seinen Herrn dort ein Unfall betroffen hatte, welchen die Weiber durch Zauber bewirkt haben sollten.

Im Schwabenlande waren die Hexen zahlreich wie Schwabenkäfer. Besonders in der Umgebung des Heubergs wimmelte es davon, denn dieser war der Versammlungsplatz aller schwäbischen Hexen. Allein im Jahre 1585 verbrannte man in Rottenburg 15, in Wiesensteig 25, in Horb 13, in Hechingen 15 Hexen. Kaufbeuern verbrannte 1591 sieben Stück an einem Tage, die man mit Ketten aneinander geschmiedet hatte, damit nicht der Teufel eine davon durch die Luft entführe. (Wagenseil, Unterhaltungsbuch I 13.) In der kleinen Grafschaft Henneberg verbrannte man von 1597—1676 nach grausamer Folter 198 Zauberer und Hexen. (Vgl. Schlözer Anzeigen II 166.)

In Minden wurden 1584 zuerst 21 Hexen verbrannt, dann jedes Jahr einige Stück weiter, bis man 1669 mit 12 Hexen abschloß. Die Universität Rinteln verurteilte allein im Jahre 1628 aus Loccum 12 Hexen zum Feuertode. In Grünberg ging es schauderhaft zu. Da hausten zwei geile Juristen, welche alle Mädchen, die sich ihrer Lüsternheit nicht hingaben, mit Mutter und Verwandten auf den Holzstoß lieferten. In Siegburg wütete ein Dr. Baumann, der von 1636—1638 eine Menge Weiber verbrennen ließ.

In der Mitte des siebenzehnten Jahrhunderts ließ der Bischof von Paderborn etwa sechshundert Personen verbrennen, darunter besonders viele aus dem Städtchen Gesekke, welches davon den Namen „Hexen-Gesekke" erhielt.

So ging es fort bis tief ins achtzehnte Jahrhundert hinein. Noch 1701 wurden zu Zürich 7 Hexen und ein

Zauberer verbrannt. (Meyer v. Knonau, Erdkunde I 148.) Auf dem Heinzenberge in Graubündten verbrannte man 1714 ein 16 jähriges Mädchen als Hexe. Der Fürst von Hechingen zündete noch 1725 einen Scheiterhaufen an. Zu Tepperbuden bei Kolditz im Lande der Sachsen wurden fünf Hexen in einer großen Tonne verbrannt, wobei der Ehemann gezwungen wurde, das Holz zum Verbrennen seiner Frau herbeizufahren und mit seinen Kindern den Scheiterhaufen aufzurichten. (Vgl. Plünicke Briefe I S. 54.)

Im Jahre 1731 verbrannte man zu Olmütz neun Leichen, welche die Czechen wieder ausgegraben hatten, da man glaubte, es seien Vampyre, die nachts den Ort unsicher machten und den Schlafenden das Blut aussaugen. Das czechische Gesindel dehnte 1755 abermals in Mähren die Verfolgung auf die Leichen aus. Gräber wurden aufgewühlt und mehr als zwanzig Tote verbrannt, weil die „Teufelsbrut“ nicht einmal unter der Erde Ruhe halte.

Der Bischof von Würzburg ließ am 21. Juni 1749 Maria Renata, geb. Freiin Singer v. Mossau, die Subpriorin des Klosters Unterzell, als Hexe verbrennen. Ein Mönch hatte sie denunziert, wahrscheinlich weil sie sich von demselben nicht wollte entehren lassen.

In Quedlinburg verbrannten die Mucker noch 1750 eine Hexe. In Bayern verbrannte man 1752 ein vierzehnjähriges Mädchen als Hexe, 1754 ein fünfzehnjähriges, und am 2. April 1756 zu Landshut nochmals ein 14 jähriges Kind, weil es „mit dem Teufel gebuhlt, Menschen bezaubert und Wetter gemacht.“ (Vgl. den Artikel „Hexe“ in Rottecks u. Welkers Staatslexikon.)

Die Schande, die letzte „Hexe“ umgebracht zu haben, ruht auf der Schweiz. Im Jahre 1783 wurde zu Glarus Anna Göldlin von einem reformierten Gericht nach vorausgegangener Folter als Hexe verurteilt und verbrannt. (Schlözer, Staatsanzeiger II 273.)

In Österreich hatte schon am 1. März 1755 die Kaiserin Maria Theresia verboten, Zauberer und Hexen zu verbrennen. Man solle sie entweder als verrückt in ein Irrenhaus, oder als krank in ein Spital bringen.

Wir haben uns, um den Umfang des Büchleins nicht zu sehr auszudehnen, auf die Hexenbrände in Deutschland beschränkt. In England, Schweden, Dänemark und Holland war die Zahl der Opfer noch größer und die Grausamkeit noch ärger. Näheres darüber findet sich in: Cannaert, Bydragen tot het oude strafregt in Belgie, Brüssel 1829; Scheltema, Geschiedenis der Heksenprocessen, Harlem 1828; Walter Scott, Letters on demonology and witchcraft, London 1830 usw.

Wir müssen es wiederholen: Alle die vielen Tausende, welche als Hexen oder Zauberer hingemartert wurden, waren unschuldig. Und das wußten auch ihre Mörder; dieselben handelten wider besseres Wissen. Denn nie hat ein denkender Mensch für möglich gehalten, mit dem angeblichen „Teufel", einem Geiste, den noch niemand gesehen hat, Unzucht treiben und Kinder zeugen zu können. Nie hat man in Wirklichkeit geglaubt, ein Mensch könne Wetter machen, donnern und hageln lassen, denn sonst hätte die „Obrigkeit" diese und alle anderen Hexenkünste längst in ihren eigenen Dienst gestellt und zu ihrem Privatvorteil ausgebeutet. Und nie sind die Herrschenden einen Augenblick darüber im Zweifel gewesen, daß den Qualen der Folter, wie sie dieselben anwendeten, überhaupt kein menschlicher Körper widerstehen kann, daß dieselben auch vom Unschuldigsten ein Geständnis erpreßten und erpressen mußten. Sie wußten dieses schon deshalb, weil sie es als außer Zweifel stehend erkannten, daß sie persönlich an ihrem eigenen elenden Körper diese Martern auch nicht ausgehalten hätten, ohne jeden Unsinn zu bekennen, den man nur verlangte.

Eine Wahrheit zu erforschen oder gegen einen angeblichen Teufel zu streiten, war auch nicht der Zweck des ganzen Verfahrens. Dasselbe sollte nur ein Mittel sein, fremdes Eigentum rauben zu können, das Volk im Interesse der Herrschenden in Schrecken zu halten und jede Opposition zu ersticken.

Aber so recht eklatant erkennt man an diesen schmachvollsten Erscheinungen der Kulturgeschichte der Menschheit den — Segen des Christentums und zugleich die Respektabilität seiner angeblich von Gott gesetzten Obrigkeiten an einem Stück.

## VII.

## Die edlen Bekämpfer des Frevels und ihre Schicksale.

„Er hat einen Teufel und ist wahnsinnig.“ Joh. 10, 20.

Ja, er hat einen Teufel und ist wahnsinnig, so sagten die Hohenpriester und Pharisäer von Jesus, als er dem Volke ihre Nichtswürdigkeit entlarvte. Und gerade so lautet das Verdikt der ebenbürtigen Nachfolger der alten Schriftgelehrten über alle ehrlichen Freunde der Wahrheit bis zur Stunde.

Ganz besonders aber wurden die Gegner der Hexenprozesse verfolgt. Wollten sie ja doch den Herrschenden eine Hauptstütze ihrer Macht und ein beliebtes Mittel zur Vermehrung der Einnahmen entziehen. Das war ja ein ganz entsetzliches „Verbrechen“.

Agrippa von Nettesheim, ein freisinniger katholischer Gelehrter aus dem Erzbistum Köln, trat zuerst gegen die Hexenprozesse auf. Er wurde geboren am 14. September 1486 und starb 1535 zu Grenoble. Er lebte also in einer Zeit, wo die wenigen Dominikaner, welche der Papst zu Inquisitoren bestellt hatte, die Hexenprozesse allein betrieben und dieselben noch nicht Staatsinstitut der Fürsten waren, eine Opposition dagegen also noch nicht gerade lebensgefährlich war, zumal für eine anerkannte Autorität wie Agrippa. Derselbe war Doktor in allen Fakultäten, Theolog in Pavia, Advokat in Metz, Arzt in Freiburg, Leibarzt der Königin von Frankreich und Historiograph der Statthalterin Margarethe von den Niederlanden. Aber weil er überall den Gewalthabern bittere Wahrheiten sagte und sich der Unterdrückten annahm, so wurde er nirgends lange geduldet und mit allen Hunden gehetzt. Eine liebliche

Probe seines stolzen unabhängigen Charakters ist sein Urteil über den Adel, welches also lautet:

„Will einer ein Edelmann werden, so muß er erst ein Jäger werden, hernach ein Soldat, damit er um Geld die Leute tot schlagen kann. Wenn er sich nun in diesen Künsten als wahrer Straßenräuber eingeübt, so trägt er die größte Ehre des Adelstandes mit hinweg. Ist er hierzu nicht geschickt, so muß er den Adel um Geld kaufen, weil solcher ganz zum feilen Kauf gehört. Kann er aber auch dieses nicht tun, so muß er einen Schmarotzer bei Königen und Fürsten, oder einen Hurenwirt abgeben; er muß sein Weib und seine Töchter, wenn sie schön sind, dem Fürsten zukommen lassen, oder sich bei einer großen Dame mit „Liebe" engagieren, oder eine königliche oder fürstliche Hure oder deren Hurenkinder zum Weibe nehmen: — **das** ist die Leiter, damit steigt man zum Adel hinauf, denn dieses kann ohne Adel nicht sein."

Daß ein solcher Mann auch kein Freund der Inquisition war, ist selbstverständlich. Obgleich ganz entschieden katholisch, war er der Priesterschaft viel zu radikal und seine Werke stehen noch heute auf dem Index. (Vergl. Reusch, der Index der verbotenen Bücher 1883 Bd. 1, S. 121.)

Zur Zeit, als Agrippa in Metz Advokat und Stadtsyndikus war, geschah es 1519, daß dort der Dominikaner Nicolaus Savini ein Weib aus dem Dorfe Vapey, welches betrunkene Bauern der Zauberei beschuldigt, verhaftete und entsetzlich foltern ließ. Da protestierte Agrippa als Stadtsyndikus in zwei Briefen an die geistliche Behörde ganz energisch gegen ein solches Verfahren und erklärte es als Schwindel, daß ein solch dummes Weib solle hexen und Wetter machen können, wozu nicht einmal der größte Gelehrte imstande sei.

Vor dem Gerichte trat er als Verteidiger der angeblichen Hexe auf und es gelang ihm wirklich, deren Freisprechung durchzusetzen, obgleich der Inquisitor geltend machte, daß schon die Mutter der Angeklagten als Hexe verbrannt worden sei und daher ohne Zweifel ihre Tochter schon bei der Geburt dem Teufel geschenkt habe. Agrippa machte dagegen die geistlichen Richter auf die kirchliche Lehre von der Taufe aufmerksam, nach welcher im Augenblicke der Taufe der Teufel weicht und selbst die Bande der Erbsünde gebrochen werden, wie vielmehr denn die Widmung einer bösen Mutter. Das fand Beifall und der Dominikaner unterlag.

Doch schon im folgenden Jahre 1520 zog derselbe wieder mehrere Weiber ein, um sie als Hexen auf den Scheiterhaufen zu bringen. Da veranlaßte Agrippa seinen Freund Joh. Roger Brennon, Pfarrer an der Kreuzkirche, offen von der Kanzel herab das Treiben des Dominikaners und die Hexenprozesse überhaupt zu bekämpfen. Und das geschah mit solchem Erfolge, daß das Volk den Inquisitor bedrohte und zur Freilassung der angeblichen Hexen zwang.

Agrippa fuhr fort, das Unwesen mit seiner mächtigen Feder zu beleuchten. Das geschah besonders in seinem Buche über die Eitelkeit des menschlichen Wissens. Da sagt er in dem Kapitel De arte Inquisitorum: „Gegen alle Vorschriften und Kanones drängen sich die Inquisitoren wie blutgierige Geier in den Rechtsbereich der Ordinarien und maßen sich Rechtssprechung im Namen der Päpste an. Grausam wüten sie gegen Dinge, die gar nicht zur Ketzerei gehören, besonders gegen Weiber, welche der Zauberei angeklagt sind. Sie setzen diese, ohne vorherigen rechtlichen Spruch, so lange der fürchterlichsten Marter aus, bis ihnen das herausgepreßte, im Zustande der Bewußtlosigkeit gegebene Geständnis den Vorwand zur Verurteilung bietet. Sie glauben als richtige Inquisitoren zu handeln, wenn sie nicht ablassen, bis die Unglückliche entweder verbrannt ist, oder bis sie die Hand des Inquisitors mit Gold füllt, damit er sich erbarme und die durch das Foltern mürbe Gemachte loslasse. Es wandeln die Inquisitoren nicht selten die körperlichen Strafen in Geldstrafen um und stecken das Geld in die Tasche. Das bringt ihnen denn auch keinen kleinen Gewinn und so haben sie eine ganze Reihe jener Unglücklichen in ihrer Gewalt, die ihnen einen jährlichen Zins zahlen, um nicht wieder zur Folter geschleppt zu werden."

Eine solche Entlarvung der Tatsache, daß die Geldgier der Pfaffen und Mönche bei den Freveln der Hexenprozesse die Triebfeder war, erregte die Wut der Betrüger der Menschheit. Verfolgungen aller Art wurden gegen Agrippa angestiftet. Zweimal wurde er sogar verhaftet und entging nur dadurch dem Scheiterhaufen, daß seine Befähigung ihm überall mächtige Beschützer schaffte.

Die Mönche predigten, Agrippa habe sich dem Teufel verschrieben, er sei ein Zauberer der schlimmsten Sorte, er zitiere sich nach Belieben den Obersten der Teufel auf sein Zimmer, ein böser Geist begleite ihn stets in Gestalt eines schwarzen Hundes. Sie verbitterten dem unerschrockenen Kämpfer der Wahrheit in jeder Art das Dasein, reizten sogar Kaiser Karl V. gegen ihn auf und zwangen Agrippa, sich aus seinen Ämtern in eine Art Verbannung nach Grenoble zurückzuziehen, wo er arm und verlassen vor der Zeit starb, erst 49 Jahre alt. Aber noch über das Grab hinaus schmähten ihn die Mönche; sie wollten gesehen haben, wie er zur Hölle gefahren sei.

Ein ehemaliger Schüler Agrippas führte später die Opposition gegen die Hexenprozesse weiter. Es war der 1516 zu Grave an der Maas im Nordbrabant geborene Johann Weyer. Dieser war 1533 im Alter von 17 Jahren zu Bonn Famulus im Hause Agrippas, der ihn unterrichtete und erzog. Da er bei dem Schüler eine völlige Hingebung an seines Lehrers freisinnige Ansichten fand, so war das Verhältnis zu demselben ein recht vertrauliches. Von 1534 an studierte Weyer in Paris, war seit 1540 als Arzt tätig, 1545 wurde er Stadtarzt zu Arnheim, und 1550 Leibarzt des Herzogs Wilhelm von Jülich-Cleve-Berg.

In dieser bequemen Stellung fand Weyer Zeit, schriftstellerisch tätig zu sein, und schrieb 1561 oder 1562 auf dem Schlosse Hambach bei Jülich eine 479 Seiten starke Schrift unter dem Titel: „Von den Teufeln, Zauberern, Schwarzkünstlern, Teufelsbeschwörern, Hexen, Unholden oder Giftbereitern." Dieselbe widmete er in einem stark lobhudlerischen Vorworte seinem Herzog und Herrn. Auch hatte er sich für dieselbe die Genehmigung und Druckerlaubnis des deutschen Kaisers und des Königs von Frankreich erwirkt. Der Hofmann war also mit aller Vorsicht verfahren, wozu er in jener Zeit freilich auch Grund genug hatte. Darum sagt er auch demütig: „Sollte meine Schrift nicht Euern Beifall finden, so will ich sie verdientermaßen und schleunigst durch Widerruf unterdrücken, überwältigt durch stärkere Beweiskraft."

Die überschrift des ersten Teiles des Werkchens lautet: „Über den Teufel, seinen Ursprung, Eifer und Einfluß." Alles, was Bibel, Kirchenväter und Theologen über die höllische Majestät und ihren Hofstaat berichten, erkennt Weyer als richtig an. Nur meint er: „Der Teufel kann doch nicht alles und kann nichts ohne Zulassung Gottes." Damit deutet er zart seine Zweifel an, dann aber gibt er den Hexenrichtern einen empfindlichen Tritt. Deren Hauptstütze war die Bibelstelle, wo es heißt: „Die Zauberer sollst du nicht leben lassen."

(Vergl. 2. Mos. 22, 18, und 3. Mos. 19, 20. 27. 31.) Nun sagt Weyer und begründet es überzeugend: „Das biblische Kasaph der hebräischen Sprache bedeutet gar nicht Zauberer, sondern Giftmischer.“ Daß Giftmischer nicht leben sollen, damit kann man einverstanden sein. Aber alle, welche Ungewitter und Krankheiten den sogenannten Hexen zuschreiben und diese dann den Henkersknechten zum Foltern und Verbrennen übergeben, vergießen unschuldiges Blut. Er erklärt Hexerei für unmöglich.

Und dann fühlt sich Weyer gedrungen, seinen Lehrer Agrippa gegen die Beschuldigung der Mönche zu verteidigen, er habe den Teufel in Gestalt eines schwarzen Hundes bei sich gehabt. Weyer versichert, daß es „ein ganz gewöhnlicher Hund“ gewesen, er habe freundlich mit demselben verkehrt. Die angebliche Besessenheit erkennt Weyer als eine körperliche Krankheit (Epilepsie), die mit dem Teufel nichts zu tun habe. An Wahrsagerei glaubt er nicht. Das war viel gesagt für jene Zeit, wo wahrsagende Priester und Mönche ein gutes Geschäft machten, und Weyer war Katholik. Jedenfalls hatte kein protestantischer Theologe jener Tage so vernünftige Ansichten.

Weyer begründet dann weiter, daß die angebliche Buhlschaft der Hexen mit dem Teufel einfach unmöglich sei, auch daß nie eine Hexe durch die Luft gefahren, noch Wetter gemacht, oder sich in Katzen oder Wehrwölfe verwandelt. Mißbrauch des Opiums und verschiedener Giftpflanzen können zwar falsche Traumvorstellungen erzeugen, auch bis zu tobsüchtigen Erscheinungen auf das Gehirn wirken, aber damit habe kein Teufel etwas zu tun.

Betreffs der Folter findet auch Weyer, daß sie nur da sei, um Unschuldige durch gräßliche Marter zu nötigen, sich Dinge anzudichten, die sie nicht nur nicht begangen haben, sondern auch gar nicht begehen können. Auch auf die Geständnisse der Gefolterten legt er keinen Wert, da die Unglücklichen nur bekennen, um aus der Marter zu kommen und den schnellen Tod auf dem Scheiterhaufen den endlosen Qualen der Folter vorziehen, die ja auch bis zum Tode fortgesetzt wurden, wenn kein Geständnis erfolgte.

Zum Schluß sagt Weyer:

„Ich zweifle nicht, daß viele Leute mir nur mit Verdruß und Verleumdung meine Arbeit lohnen werden. Sie werden tadeln, was sie nicht verstehen und festhalten um jeden Preis, was hergebracht ist. Die meisten Theologen werden schreien, es sei nicht in der Ordnung, daß ein Mediziner aus seinem Berufe heraustrete und sich an die Erklärung von Bibelstellen mache. Darauf erwidere ich, daß auch der Evangelist Lukas ein Arzt war." Und dann fordert er alle Hexen und Zauberer auf, ihn zu verzaubern und zu behexen, so sehr sie nur immer können. Endlich heißt es:

> „Nichts will ich hier behauptet haben, was ich nicht gänzlich dem wohlwollenden Urteil der katholischen Kirche unterwürfe. Freiwillig werde ich widerrufen, wenn man mir einen Irrtum nachweist."

Weyer erhielt nach Erscheinen des Buches zwar verschiedene Schreiben der Zustimmung von Geistlichen und Weltlichen, aber Folter und Scheiterhaufen regierten weiter. Das Buch erlebte sechs Auflagen innerhalb zwanzig Jahren. Einzelne Fürsten schränkten auch die Hexenprozesse etwas ein, im allgemeinen aber nahmen dieselben noch zu.

Weyers Buch aber kam auf den Index der verbotenen Bücher und die Dominikaner schmähten dagegen, wie auch die protestantischen Prediger. Die kursächsische Kriminalordnung von 1572 verschärfte noch die Bestrafung der Hexen. Bisher hatte man sie nach Vorschrift der Carolina von 1530 nur verbrannt, wenn die Hexe geschadet hatte; die Sachsen aber fanden, das Schaden sei gar nicht nötig; schon einfach wegen ihres Bündnisses mit dem Teufel gehöre die Hexe auf den Scheiterhaufen. (Vgl. C. G. v. Wächter, Beiträge zur deutschen Geschichte, insbes. zur Geschichte des deutschen Strafrechts 1845 S. 293.)

Der Arzt Schreiber zu Korbach im Waldeckschen griff Weyer in einem Pamphlet an, worin er ihn als den ärgsten Zauberer und Hexenmeister erklärt, der an erster Stelle verbrannt werden müsse. Auch Jakob I. König von England erklärte Weyer für einen Spießgesellen der Hexen, deren es in seinem Königreiche eine fürchterliche Menge gebe. Die von Jakob I. und seiner Vorgängerin Elisabeth erlassenen „Gesetze" zur Ausrottung der Hexen und Zauberer wurden erst 1736 durch das Parlament aufgehoben.

Der wichtigste Gegner aber, der gegen Weyer auftrat, war der Jesuit Delrio, einer der angesehensten Theologen und Schriftsteller seiner Zeit. Noch grimmiger wurde Weyer geschmäht von dem bereits früher genannten Dresdener Geheimrat und Vorsitzenden des Leipziger Schöppenstuhls Benedict Carpzow, der allein 20000 Todesurteile gefällt. Dieser äußerst fromme, orthodox-lutherische Mann, der 53mal die Bibel durchgelesen hatte und jeden Monat das Abendmahl nahm, schrieb gegen Weyer: „So hat der Satan treue Diener aus allen Ständen und Lebenslagen, welche sein Reich verteidigen, die Hexengesellschaften ausbreiten und den Richtern und Obrigkeiten vorreden, die Zauberer würden ungerecht bestraft. Diese Verteidiger des Satans sind vor allem unschädlich zu machen.“ Carpzow will bei den Hexen alle Grade der schärfsten Tortur dreimal wiederholt wissen, da der Teufel die Hexen stark mache.

Weyer entging dem Scheiterhaufen nur durch den Schutz seines Fürsten. Übrigens richtete sich selbst dieser nicht einmal nach Weyers Ansichten. Am 24. Juli 1581 gab der Herzog von Cleve den Befehl aus, eine der Hexerei angeklagte Person zu foltern, bis sie bekenne und dann zu verbrennen. Und so ging es auch in anderen Fällen im Lande. So wurde 1603 eine reiche 70jährige Frau in Cleve, weil sie auf einem Besenstiel zum Blocksberg gefahren sei, zu Tode gefoltert, ihre Leiche durch die Straßen geschleift und auf dem Schindanger verscharrt.

Weyer hütete sich wohl, bei dem Fall im Jahre 1581 zu widersprechen, sah sich vielmehr nach einer Zufluchtsstätte um. Darum sang er 1583 das Lob der protestantischen Gräfin von Tecklenburg, weil sie das „lautere Evangelium“ beschütze. Nach der Farbe der neuen Herrin wechselte er den Rock und starb zu Tecklenburg protestantisch am 24. Februar 1588.

Johann Ewich Arzt in Duisburg, später Professor am Lyceum in Bremen, schrieb schon 1563 an Weyer, daß er mit dessen Buche gegen das Verbrennen der Hexen einverstanden sei. Dann aber schwieg er lange still. Endlich 1584 veröffentlichte Ewich zu Bremen ein Schriftchen über das Hexenwesen, worin er aber nur wagt zu sagen, daß nicht alle, welche man als Hexen verbrenne, schuldig seien. „Die Hexen verdienen Strafe, aber nicht alle die gleiche,“ ist der Kern des äußerst zahmen Werkchens.

Ähnlich so machte es Professor Georg Gödelmann zu Rostock. Im Jahre 1601 gab er ein Buch heraus unter dem Titel: Tractatus de magis, veneficis et lamiis etc. Darin bestreitet er die Möglichkeit der Buhlschaft mit dem Teufel, der Verwandlung in Tiere und die Blocksbergfahrt. Dagegen gibt er die Möglichkeit der Zauberei an sich zu, glaubt auch, daß die Hexen Menschen und Tieren schaden können und dann den Feuertod verdienen. Die Beweiskraft der Folter bestreitet Gödelmann, aber nicht ihre — Notwendigkeit.

Der Engländer Reginald Scot bestritt 1584 in einem Büchlein die Möglichkeit der Buhlschaft mit dem Teufel, aber der König ließ die Schrift durch den Henker verbrennen. Im Jahre 1585 gab Hermann Wilcken zu Heidelberg, wo er Professor war, unter anderem Namen ein ganz zahmes Buch heraus, worin er bestreitet, daß die Zauberer und Hexen Wetter und Gewitter machen können, auch glaubt er nicht an die Buhlschaft der Hexe mit dem Teufel. Dabei beruft er sich auf tatsächlich vorgekommene Fälle, in welchen Hexen diese Buhlschaft auf der Folter bekannt, und dann darauf durch Sachverständige als unberührte Jungfrauen befunden wurden. Das beweise doch, daß die Folter Unschuldigen falsche Geständnisse abpresse. Aber auch Wilcken gibt noch zu, daß Schaden durch Zauberei zugefügt werden könne. Dagegen sagt er der „hohen Obrigkeit“ folgende Komplimente:

„Wo es sich um wehrlose Weiber handelt, da berufen sich die Herren auf Moses, der da schreibt: Zauberer sollst du nicht leben lassen. Im übrigen aber ist ihnen Moses sehr gleichgültig. Moses befiehlt dem Diebe, das Gestohlene doppelt bis vierfach zu erstatten, dann hat er gebüßt. Unsere Obrigkeit aber hängt den Dieb an den Galgen und *steckt das gestohlene Gut in ihre eigene Tasche.* Der Dieb stiehlt also für die Obrigkeit, die ihm dafür den Strick um den Hals zum Lohn gibt; der Bestohlene aber bekommt sein Eigentum nicht einmal zurück. Wider Moses Gebot läßt man des armen Diebes Körper unbegraben am Galgen hängen. Moses befiehlt: Wer dem anderen ein Auge oder einen Zahn ausschlägt, dem soll man das gleiche tun. Bei uns nimmt die Obrigkeit Geld dafür. Wer ihr Geld zu geben hat, mag so viele Augen und Zähne ausschlagen, als er will. Moses gebietet: Wer Vater oder Mutter schlägt oder ihnen flucht, der soll des Todes sterben; ein ungehorsames Kind soll vom Volke gesteinigt werden. Wo wird das bei uns gehalten? Und nun das Schönste: Moses will, man soll Ehebrecher und Ehebrecherinnen am Leben strafen. Wieviel Fürsten und Regenten, wieviel Bischöfe und Äbte hätten wir da zu steinigen!“

Noch kraftvoller und energischer griff *Kanonikus Cornelius Loos* die Hexenprozesse an. Derselbe war 1546 zu Gouda bei Rotterdam geboren und ein eifriger Verteidiger der katholischen Kirche. Loos hatte in Mainz studiert und war dort zum Doktor promoviert worden. Später wurde er Kanonikus in seiner Vaterstadt. Als diese 1572 zum Calvinismus abfiel, leistete Loos mutigen Widerstand, ließ schließlich seine fette Pfründe im Stich und ging nach Deutschland. Hier wurde er natürlich mit Ehren aufgenommen und in Trier angestellt.

Allein damals standen gerade in Trier die Hexenprozesse auf der Höhe. Der Erzbischof-Kurfürst Johann VII. von Schönenberg erkannte in denselben ein bequemes Mittel, seine Feinde zu vernichten und seine Kassen mit Blutgeld zu füllen. Er regierte von 1581 bis 1599, und in dieser Zeit wurden in Trier mehr Hexen verbrannt, als außerdem dort überhaupt in allen Jahrhunderten. Zu den Angeklagten gehörten zahlreiche Priester, sogar der Domdechant. (Vgl. J. Müller, Kleiner Beitrag zur Geschichte des Hexenwesens, Trier 1830.)

Mit wahrhaft apostolischem Mute griff Loos unter solchen Zuständen zu Trier die Hexenprozesse in Wort und Schrift, sogar in seinen Predigten an. Er wollte denselben ein Ende machen gegen die Autorität des Erzbischofs und seiner Schergen. Er bestritt die Möglichkeit der Teufelsbuhlschaft und den gesamten Inhalt der gewöhnlichen Anklagen in den Hexenprozessen und erklärte offen von der Kanzel herab, Zauberei gebe es nicht, nie habe ein Mensch Donner oder Hagel in seiner Gewalt gehabt, alle welche man deshalb verbrannt habe, seien unschuldig.

Daß Loos die Triebfeder der Frevel richtig erkannte, erhellt aus seiner Äußerung: „Die Hexenprozesse sind eine neue Art der Alchimie; aus Menschenblut will man Gold und Silber machen. Die Henker stehen in hohem Ansehen, denn sie füllen die Taschen und Kassen des Fürsten und seiner Verwalter mit dem Blutgelde der eingezogenen Güter der hingerichteten Unschuldigen, während deren Kinder als Bettler in die Verbannung ziehen.“

Lange scheute man sich, den ruhmvollen Verteidiger der katholischen Kirche, der für seinen Glauben in Holland alles geopfert und in seinen Schriften gegen den Protestantismus so gute Dienste geleistet, anzutasten. Wiederholt hatte der Erzbischof seine Boten zu Loos gesandt, um ihn zur Mäßigung zu ermahnen und zu bedrohen; vergebens wollte man ihn zum Abt eines reichen Klosters machen, um ihn zu bestechen. Er lehnte ab und erwiderte: „Habe ich unrecht geredet, so zeiget, daß es unrecht ist!“

Und dann faßte er alle seine flammenden Anklagen gegen die Hexenprozesse und die Entlarvung des Frevels in einer ausführlichen Schrift zusammen, doch in Trier wagte es kein Drucker, das Werk zu drucken. Da wandte sich Loos an einen Drucker in Köln. Aber hier war die Sache bereits der Inquisition verraten worden. Das Manuskript wurde konfisziert, Loos aber verhaftet und in den Kerker der Abtei St. Maximin zu Trier geworfen. Hier muß man ihn sehr hart behandelt haben, denn nach längerer Haft erklärte sich Loos zum Widerruf bereit. Wußte er ja doch, daß ihm sonst Folter und Scheiterhaufen sicher waren. Er hielt es für besser, sein Leben zur weiteren Bekämpfung der Frevel zu retten. (Vgl. Gesta Trevirorum Bd. 3 S. 58.)

Am 15. März 1593 erfolgte der Widerruf im großen Saale der Abtei. Zugegen waren der Weihbischof Peter Binsfeld, ein wütender Hexenverfolger, der selbst eine Anleitung für diese Prozesse geschrieben unter dem Titel „Traktat vom Bekenntnis der Zauberer und Hexen, Trier 1589", der Abt Reiner Biver, der Offizial B. Bodeghem, zwei Kommissare der Inquisition und ein Notar mit Zeugen und Schreiber.

An der Spitze des Widerrufs mußte Loos erklären, es sei nicht wahr, daß die Hexenprozesse nur den Zweck hätten, die fürstlichen Kassen zu füllen; ein Beweis, wie wehe gerade die Entlarvung dieser Wahrheit dem „Hochwürdigsten" getan. Und dann mußte Loos zu Protokoll nehmen lassen, daß er den ganzen Inhalt seines Manuskripts als „ketzerischen Irrtum" zurücknehme und Gott und Obrigkeit um Verzeihung bitte. Zum Schlusse wurde er mit den Strafen der „hartnäckigen und rückfälligen Ketzer, Widerspenstigen, Rebellen, Ehrenschänder und der — Majestätsbeleidiger" bedroht, wenn er nochmals in Wort oder Schrift gegen die Hexenprozesse auftrete. Der Weihbischof beklagte, daß Loos durch seine Bekämpfung der letzteren gar viele verführt und mehr Unheil gestiftet, als alle anderen Ketzer auf diesem Gebiete.

Darauf wurde Loos, nachdem er den Widerruf unterschrieben hatte, in Freiheit gesetzt. Er schüttelte den Staub von den Füßen und verließ Trier. Aber seine Lebenszukunft war zerstört. Clericus clericum non decimat, man verzieh es ihm nicht, daß er der Habgier eines Erzbischofs Hindernisse bereitet und der geistlichen Behörde Opposition gemacht. Daher fand er zu Brüssel, wohin er sich wandte, nur eine Anstellung als armer Vikar.

Doch auch in Brüssel verbrannte man Hexen, wenn auch bei weitem nicht so zahlreich wie in Trier. Loos aber konnte das Vergießen unschuldigen Blutes nicht ansehen, ohne dagegen aufzutreten. Er nahm sich daher nachdrücklich der Opfer der Bosheit an und verteidigte sie vor geistlichen und weltlichen Behörden. Aber diese wollten die Wahrheit nicht hören. „Er hat einen Teufel und ist wahnsinnig!" sagten sie, und Loos wurde noch zweimal jahrelang in den Kerker geworfen. Als er aber auch dort noch fortfuhr, seiner Überzeugung von der Ungerechtigkeit der Hexenprozesse treu zu bleiben, ließ man ihn am 3. Februar 1595 sterben, noch nicht fünfzig Jahre alt, wahrscheinlich vergiftet.

Nicht ohne Grund hatte der Weihbischof Binsfeld beklagt, daß Loos viele Anhänger in Trier habe. Dazu gehörte sogar der Bürgermeister und Oberrichter der Stadt, Dr. Dietrich Flade. Derselbe stand als Gelehrter in hohem Ansehen, war 1585 Rector magnificus der Universität gewesen und dann zum Bürgermeister gewählt worden. Er fand, daß Cornelius Loos bei seiner Bekämpfung der Hexenprozesse recht habe, und benutzte seine einflußreiche Stellung und sein Amt, um denselben in jeder Weise entgegen zu wirken. Schon hatte Flade die Freisprechung mancher Angeklagten durchgesetzt.

Aber das erregte die Wut der Hohenpriester und Pharisäer, hier Kurfürst-Erzbischof Junker Schönenberg und seines Weihbischofs Peter Binsfeld, und sie sprachen: „Was sollen wir tun mit diesem Menschen, er hat einen Teufel und ist wahnsinnig!" Und sie wußten, was zu tun war, damit es offenbar wurde, „welcher Geist" die Kirchenfürsten inspiriert.

In einer Nacht hatte der Erzbischof Magenbeschwerden gehabt, wohl infolge von Unmäßigkeit. Aber das hatte ohne Zweifel der Zauber eines Hexenmeisters oder einer Hexe bewirkt. Daher erhielten alle Hexenrichter des Erzbistums den Befehl, jeder auf der Folter liegenden Hexe die Frage vorzulegen, wer das Unwohlsein des Erzbischofs herbeigezaubert, ob das nicht der Hexenmeister Flade zu Trier getan? Dann solle man nicht nachlassen, so lange zu peitschen, zu quetschen und zu brennen, bis die Frage bejaht und der Flade beschuldigt werde. „Und sie stellten falsche Zeugen auf," heißt es in der Bibel.

Und so dauerte es denn nicht lange, da standen in den Akten der Gerichtsbezirke der vorstädtischen Klöster St. Maximin, St. Paulin und St. Matthias die Bekenntnisse von 23 Hexen, welche man auf der Folter erpreßt, einstimmig dahin lautend, daß der Bürgermeister Flade der schlimmste Hexenmeister des Kurfürstentums sei. Er sei jedes Jahr auf der Hetzerather Haide auf einem prächtigen mit feuerroten Pferden bespannten Wagen zum Hexentanz erschienen, mit einer dicken goldenen Kette um den Hals. Bei allen Beratungen habe er den Vorsitz geführt, der Teufel in Person habe lange mit Flade gesprochen, und dieser habe sowohl den Erzbischof behext und krank gemacht, wie auch die vielen Schnecken über das Land gezaubert.

Jetzt stand natürlich in den Augen der Priester die Schuld Flades ebenso sicher als erwiesen fest, wie die Göttlichkeit des Christentums und die Ehrlichkeit ihrer Gesamtfirma. Dennoch wollte man heuchlerisch den Schein der größten Vorsicht und Unparteilichkeit wahren, und der Erzbischof überwies am 14. Januar 1589 die Akten zur Abgabe eines Gutachtens an die theologische Fakultät der Universität zu Trier.

Diese stand unter dem Einflusse des angesehenen Jesuiten Delrio, welcher Freund und Vertrauter des Weihbischofs Binsfeld war. Delrio fand Flade schuldig wegen seines Eintretens für angeklagte Zauberer und Hexen und schrieb an die Fakultät:

> „Es ist von Natur so eingerichtet, daß man eine Sache gern und eifrig verteidigt, sich auch selbst nicht davon fernhält. Wer nicht selbst an der Zauberei Anteil hat, der gibt sich auch keine Mühe, sie unter Haß und Lebensgefahr zu schützen. Solche Leute werden daher auch meistens als Genossen des Teufels überführt."

Und nun erhielt der Kurfürst-Erzbischof ein Gutachten, wie er es wünschte, und im April 1589 wurde Flade verhaftet und schon sofort sein großes Vermögen, welches dem Landesvater natürlich vor allem am Herzen lag, eingezogen.

Der Statthalter Johann Zandt von Merll legte Flade nach den Bekenntnissen der verbrannten Hexen vierzig Fragen vor. Flade bestritt jede Schuld und schwur einen feierlichen Eid darauf, daß er mit Hexerei und Zauberei nichts zu tun habe. Der Statthalter wollte den angesehenen Mann retten und schlug dem Kurfürsten vor, Flade mit dem Verlust seines Vermögens und Verbannung zu bestrafen und aus der Haft zu entlassen, zumal die auf der Folter abgegebenen Aussagen der Weiber so unsicher seien, daß eine Hexe den Flade noch auf der Hexenversammlung gesehen haben wolle, nachdem derselbe schon verhaftet gewesen.

Aber die kirchgeweihte Hyäne verlangte Blut, unschuldiges Blut. Daher verweigerte der Erzbischof Flades Entlassung, befahl vielmehr, denselben so lange auf das grausamste zu foltern, bis er bekenne, auf der Hetzerather Haide beim Hexentanz gewesen zu sein und Schnecken über das Land gezaubert zu haben. Und so geschah es. Flade wurde so lange aufs scheußlichste gemartert, bis er bekannte, daß er allen Unsinn begangen, den man ihm unterschob, an welchen die Bischöfe und Priester selbst nicht glaubten. Dann wurde er verurteilt, erst gehängt und dann verbrannt zu werden. Flade starb, auf der Richtstätte noch seine Mörder verfluchend und vor Gottes Gericht fordernd; die Priester aber logen dem Volk vor, er habe „seine Schuld" anerkannt.

Schrecken lagerte auf dem Volke, wenn nicht einmal solche angesehene und verdiente Männer wie Kanonikus Loos und Bürgermeister Flade sicher waren. Es dauerte lange, bis wieder jemand wagte, das Teufelsbündnis und Wettermachen der Hexen anzuzweifeln. Da sorgte im Anfange des siebenzehnten Jahrhunderts der calvinische Fanatismus wieder für einen Opponenten.

Calvin „lehrte" bekanntlich, Gott habe den größten Teil der Menschen zu ewiger Verdammnis vorausbestimmt und sie nur erschaffen, um sie ewig martern zu können. In solcher Behauptung fand Johann Greve, 1604 Prediger von Arnheim, eine Gotteslästerung und erklärte das auf der Kanzel. Deshalb wurde er abgesetzt und auf 1½ Jahre nach Amsterdam ins Arbeitshaus gebracht. Bei diesem Verfahren scheint er auch gefoltert worden zu sein, denn 1622 gab Greve eine Schrift gegen die Folter und deren Anwendung in religiösen und Hexenprozessen heraus. Darin spricht er den durch die Folter erpreßten Geständnissen jede Bedeutung ab, zumal in den Hexenprozessen, wo tatsächliche Beweise fehlen. Denn für die angebliche Buhlschaft mit dem Teufel gebe es gar keinen Beweis, als die Geständnisse der Gemarterten. Wieviele Unschuldige würden da wohl verbrannt?

Viel schärfer sagte dasselbe der 1572 zu Innsbruck geborene Jesuit Adam Tanner in seinem Werke Theologia scholastica, welches 1626 zu Ingolstadt erschien, und zwar mit Genehmigung des Ordensprovinzials und der theologischen Fakultät zu Ingolstadt, wo Tanner Professor war und als Gelehrter in hohem Ansehen stand.

Tanner sprach es offen aus, daß jedenfalls der größte

Teil der verbrannten Hexen völlig unschuldig sei. Aber auch die schuldigen Hexen solle man nicht verbrennen, sondern ein Jahr Kirchenbuße tun lassen. Geständnisse, welche die Folter erzwungen, seien wertlos, denn solchen Martern könne kein Mensch widerstehen, am wenigsten ein schwaches Mädchen. Die Möglichkeit der Zauberei bestritt Tanner nicht, er geht vorsichtig über die heiklen Punkte der Teufelsbuhlschaft hinweg, läßt nur seine Zweifel durchblicken.

Aber trotz dieser Vorsicht erhob sich gegen ihn ein Sturm von Verfolgungen. „Er hat einen Teufel und ist wahnsinnig!" hieß es auch hier. Selbst nach seinem Tode kostete es Mühe, ihn nur in geweihter Erde begraben zu können. Denn man fand unter seinem Nachlaß einen Floh unter einer Glasglocke und da hieß es: „Seht, da ist sein spiritus familiaris, der dienstbare Hausteufel, den er überall bei sich führte." Hätte Tanner nicht dem damals auf der Höhe seiner Macht stehenden Jesuitenorden angehört, dessen Mitglieder man nicht leicht anzutasten wagte, so wäre er schwerlich dem Scheiterhaufen entgangen.

Aber das Übermaß der Schmähungen der Mönche und Hexenrichter gegen Tanner erbitterte den mächtigen Orden. Schon wenige Jahre später erfolgte daher aus seinen Reihen ein Schlag gegen die Hexenprozesse, der die Wurzeln derselben abschnitt und ihre Verteidiger bis ins Herz traf.

Im Jahre 1631 erschien zu Rinteln unter dem Titel: „Cautio criminalis seu de processibus contra Sagas d. h. Vorsicht in kriminellen Dingen, besonders bei den Hexenprozessen", ein Werkchen. Dasselbe machte großes Aufsehen in ganz Deutschland und mit Recht. Eine solche Sprache hatte man noch nicht gehört. Das Buch war gerichtet an alle Fürsten und Obrigkeiten Deutschlands und deren Beichtväter und Räte, an alle Richter und Inquisitoren, Priester und Gelehrte.

Der Name des Verfassers war nicht genannt, nur gesagt, derselbe sei ein rechtgläubiger katholischer Theologe. Die Anonymität war begründet mit den Worten: Es hält mich ab, meinen Namen zu nennen, das Beispiel des sehr frommen Theologen Tanner, der so viele gegen sich aufbrachte durch seine so wahre und so vorsichtige Schrift. Zwei Inquisitoren äußerten sich, „wie gerne würden wir den Tanner auf die Folter spannen, wenn er nur für uns erreichbar wäre." Das Buch war in wenigen Monaten ausverkauft und schon im folgenden Jahre erschien die zweite Auflage zu Frankfurt.

Inzwischen wurde auch bekannt, daß Verfasser desselben der Jesuit Friedrich von Spee sei. Derselbe wurde geboren 1591 zu Kaiserswerth, hatte die Schule der Jesuiten zu Köln besucht und war 1610 in den Orden eingetreten, lehrte als Professor der Philosophie und Moraltheologie. Später wurde er nach Würzburg gesandt, wo er in der Seelsorge tätig war.

Hier hatte er als Beichtvater die verurteilten Hexen zum Tode vorzubereiten. Er erkannte ihre Unschuld und schauderte. Er hielt dem Bischofe und seinen Richtern ihre Verbrechen vor und bewies ihnen, daß Hexerei unmöglich sei. Aber sie wiesen ihn ab. Er verlangte Freilassung der unschuldig Verurteilten, aber sie wurde ihm geweigert. Aus Kummer über eine Hexe, die er als Beichtvater zum Scheiterhaufen begleiten mußte, deren Unschuld er einsah, wurde sein Haar in einer Nacht grau.

Inzwischen hatte der Bischof von Würzburg Beschwerde beim Ordensprovinzial über v. Spee geführt, weil er gegen die Hexenprozesse predige und seine Abberufung gewünscht. Spee eilte zu seinen Oberen und berichtete über seine Erfahrungen.

Und was geschah nun? Der Provinzial sandte Spee nach Falkenhagen, einem Gute der Jesuiten bei Höxter, damit er sich dort von seinem Schrecken über die zu Würzburg verbrannten zweihundert Unschuldigen erhole. Zu Falkenhagen schrieb Spee sein Buch, in dem benachbarten Rinteln ließ er es drucken.

Es verrät eine völlige Unkenntnis mit den Einrichtungen des Jesuitenordens, wenn behauptet wird, das habe Spee ohne Wissen und Willen seiner Oberen überhaupt tun können. Der Jesuit ist streng kontrolliert und verfügt nicht frei über seine Zeit. Er kann sich keinen Tag der Aufsicht entziehen, viel weniger ohne Wissen der Vorgesetzten ein Buch schreiben. Auch würde er schon für den Versuch schwer bestraft werden, wenn er so etwas den Oberen vorenthalten wollte. Spee aber wurde, als seine Autorschaft allgemein bekannt wurde, vom Orden nicht bestraft, sondern durch Vertrauensaufträge ausgezeichnet.

Gewiß wußte der Provinzial, als er Spee das Ruheplätzchen in Falkenhagen anwies, was dort geschehen sollte. Das war um so willkommener, als der Orden ja Repressalien an den Hexenrichtern wegen ihrer Schmähungen gegen Tanner zu nehmen hatte. Aber man wollte offiziell die Bombe nicht werfen. Darum mußte Spee zum Schein anonym handeln, bei einem Protestanten drucken und das Buch ohne die Approbation seiner Oberen erscheinen lassen.

Es war auch besser so. Nun konnte er den Gegnern ganz gründlich die Wahrheit sagen. Und das tat er mit der ganzen Kraft der Sprache eines Propheten. Er wirft den Fürsten vor, daß sie, nachdem sie den Ländern ihre ständischen Rechte und dem Volke seine Freiheiten geraubt, mit der Fülle der Macht schändlichen Mißbrauch treiben. Er sagt es ihnen offen, daß diese Prozesse für sie und die Richter nur als eine Erwerbsquelle in Betracht kommen. Man vergießt unschuldiges Blut, nur um sich das Vermögen der Unschuldigen anzueignen! Er sagt es ihnen, daß die Folter bei ihnen nur den Zweck habe, von Unschuldigen das Geständnis von Verbrechen zu erpressen, die ein Mensch nie begangen hat und auch nie begehen kann. Er räumt rücksichtslos auf mit der angeblichen Buhlschaft mit dem Teufel und erklärt diese, wie die Blocksbergfahrt und die übrigen den Hexen zugeschriebenen Dinge als Fabeln und Erdichtungen. Und dann fordert er alle Fürsten und Obrigkeiten auf, ihrer Verantwortlichkeit zu gedenken, den Hexenprozessen ein Ende zu machen, um nicht länger unschuldiges Blut zu vergießen.

Der Eindruck, welchen das Buch machte, war überwältigend. Mehrere geistliche und weltliche Fürsten beschränkten sofort die Hexenprozesse; der Kurfürst Johann Philipp von Mainz befahl, in seinem Lande keine Hexe mehr hinzurichten. Andere forschten grimmig nach dem Verfasser des Werkes. Der war auch bald ermittelt, aber nicht zu fassen. Durch die von den Päpsten den Jesuiten erteilten Privilegien standen sie nicht unter der Gewalt und Gerichtsbarkeit der Bischöfe, sondern nur unter derjenigen ihrer Ordensoberen und des Papstes.

Spee war unterdessen im Auftrage des Provinzials in Westphalen tätig, um die Mitglieder des dortigen Adels zur katholischen Kirche zurückzuführen und es gelang ihm in zahlreichen Fällen. Weil er aber auch hierbei mit seinem gewohnten apostolischen Eifer verfuhr und keine Gegner fürchtete, so war er bald seines Lebens nicht mehr sicher. Zu Hildesheim wurde ein Mordversuch auf ihn gemacht und die Ordensoberen, die ein so tatkräftiges Mitglied nicht verlieren wollten, riefen Spee zurück und sandten ihn nach Trier. Hier übernahm er die Seelsorge in den Spitälern, in welchen damals zur Zeit des dreißigjährigen Krieges der Typhus herrschte.

Auch Spee wurde angesteckt und starb als Opfer seines Berufes am 7. August 1635.

Die „Cautio criminalis“, erschien noch in mehreren Auflagen und tat den Hexenprozessen viel Abbruch, aber rottete sie nicht vollständig aus. An vielen Orten wurde weiter gefoltert und verbrannt. Es vergingen jetzt volle sechzig Jahre, ohne daß eine nennenswerte Autorität gegen den Frevel weiter auftrat.

Doch scheiterte derselbe schließlich an einem viel stärkeren Gegner, als menschliche Widerlegung. Der ganze Geist der Zeit hatte sich schon am Ende des siebenzehnten Jahrhunderts geändert. Der religiöse Fanatismus und das theologische Gezänk des Zeitalters der Glaubensspaltung hatte sich überlebt und war in das Gegenteil umgeschlagen. Der Unglaube war Mode geworden; bei den Regierenden, an den Höfen, bei den Gelehrten wie bei den Reichen und Mächtigen gehörte es zum guten Ton, des Teufels nur spottend zu gedenken. Nach dem Beispiele der Franzosenkönige waren in den Residenzen der meisten geistlichen wie weltlichen Fürsten Genuß und Unzucht, Verschwendung und Vergnügungen herrschend. Es galt als erstes Erfordernis eines Gebildeten, keine Religion zu haben und über den Glauben des Volkes als „Aberglauben“ zu spotten.

Dieser Mode gegenüber konnten die Hexenprozesse nicht mehr bestehen. Wie konnte man es ferner bestrafen, mit dem Teufel gebuhlt zu haben, wenn es keinen Teufel mehr geben sollte und derselbe ins Fabelbuch verwiesen war. Die „Aufklärung“, auf welche man so stolz war, deren sich das „philosophische Jahrhundert“ so sehr rühmte, machte es zu Ehrensache, auf das Anzünden der Scheiterhaufen zu verzichten. Daher nahmen dieselben schon gegen das Ende des siebenzehnten Jahrhunderts allmählich ab, um gegen die Mitte des achtzehnten Jahrhunderts nur noch ganz vereinzelt an solchen Orten vorzukommen, wohin eben die moderne Kultur des Unglaubens noch nicht gedrungen war. Aber so hatte auch diese ihr Gutes.

Als im Jahre 1692 der Prediger Balthasar Bekker zu Amsterdam sein Buch „Die bezauberte Welt“ herausgab, worin er das Teufelchen als in Ruhestand versetzt behandelte und über Zauberei und Hexerei spottete, nahm ihm zwar noch die calvinische Synode sein Amt, denn in Holland war damals infolge der Kämpfe mit Spanien der Fanatismus besonders stark, aber Bekker hatte den Beifall aller Aufgeklärten für sich. Keine weltliche Macht schritt mehr gegen den „Obersten der Zauberer und Hexenmeister“, wie die „Frommen“ ihn nannten, ein. Auch die Absetzung machte ihm wenig Kummer, er wurde von allen Gebildeten als Held des Tages gefeiert und als Prediger der französisch-reformierten Gemeinde, welche als Sekte der Autorität der Häupter der „Landeskirche“ nicht unterworfen war, gut versorgt.

Ebensowenig hatte Christian Thomasius das geringste zu fürchten, als er zu Halle 1704 sein Schriftchen: „Kurze Lehre von dem Laster der Zauberei mit dem Hexenprozeß“ herausgab. Thomasius war zu Halle Günstling des Berliner Landesfürsten, dessen „Geheimer Rat“ und Direktor der Universität. Er trat auf allen Gebieten der Orthodoxie entgegen und erkannte an Stelle der religiösen Glaubensartikel nur das Naturrecht an. Daher griff er auch in einer besonderen Schrift den religiösen Charakter der Ehe an, wollte dieselbe nur als bürgerlichen Vertrag gelten lassen und erklärte die Vielweiberei, weil mit dem Naturrecht übereinstimmend, für erlaubt.

Es ist selbstverständlich, daß ein so freier Geist, der nur den gesunden Menschenverstand und seine Konsequenzen als berechtigt und maßgebend anerkannte, und noch dazu mit solchen Grundsätzen den Geist der Zeit und den Ruhm der „Aufklärung“ für sich hatte, die angebliche Teufelsbuhlschaft, die Verwandlung in Katze und Wehrwolf, die Blocksbergfahrt auf dem Besenstiel, das Wettermachen durch alte Weiber, und was alles der sonstige Schwindel des Hexenwesens noch aufstellte, mit beißendem Hohne vernichtend traf. Und sehr charakteristisch ist es, als Beweis für die Tatsache, daß die Autoren des Frevels wider besseres Wissen Unschuldige gemeuchelt, daß sie wohl wußten, daß alles erlogen war, was sie die „Hexen“ auf der Folter „bekennen“ ließen, — daß sie gegen die Angriffe des Thomasius sich fast gar nicht mehr verteidigten. Sie schafften die Hexenprozesse stillschweigend ab, änderten den Katechismus in allen den Punkten, welche die „Beziehungen“ von Mensch und Teufel zueinander betreffen und begnügten sich mit einem viel zahmeren Teufel, als der Höllenhund gewesen, mit dem sie bisher wider besseres Wissen im Interesse ihres Geldbeutels die Völker geschreckt.

## VIII.

## Einige Fragen an unsere Bischöfe, sowie an die Hauptleute der Mucker und ihre Patrone.

„Das Blut deines Bruders schreit zu mir von der Erde.“ 1. Mos. 4, 10.

Und die Völker schwiegen zu der veränderten Taktik der Religionsvertreter. Das war ein großer Fehler. Aber noch bis heute wird dieser Fehler begangen.

Man muß logisch denken und konsequent handeln. Haben vom Ausgange des fünfzehnten bis zum Ende des achtzehnten Jahrhunderts Papst, Bischöfe und die Vertreter der protestantischen Landeskirchen in bezug auf Teufel und Hexenwesen die Menschheit betrogen und durch diesen Betrug es verschuldet, daß mehr als hunderttausend Christen unschuldig martervoll hingerichtet worden sind, welchen Anspruch auf Glaubwürdigkeit haben die leitenden Faktoren des Christentums dann überhaupt noch?

Wer garantiert uns dann noch dafür, daß ihre Lehre in allen übrigen Punkten nicht ebenso Betrug ist?

Die Priester lehren, die Kirche werde vom heiligen Geiste geleitet und vor Irrtum bewahrt. Was bleibt davon übrig gegenüber der notorisch falschen Lehre der Hexenbulle?

Die Priester lehren einen Gott, ohne dessen Willen kein Spatz vom Dache fällt. Wo war denn dieser Gott, als seine angeblichen Vertreter hunderttausend unschuldig meuchelten unter Fingierung eines Verbrechens, dessen Begehung gar nicht möglich ist. — — —

Ein denkendes und aufgeklärtes Volk verlangt Aufschluß über diese Fragen und Rechenschaft über das vergossene Blut von den ebenbürtigen Geschäftsnachfolgern der schuldigen Firmen. Und wenn diese Rechenschaft nicht gegeben werden kann, dann wird es schließlich den Baum umhauen, der solche vergiftete Frucht getragen.

Daher fordern wir hiermit die Bischöfe der katholischen Kirche, sowie die Vertreter der protestantischen Landeskirchen, sämtliche Mucker und ihre Patrone heraus, über nachstehende Punkte sich klar und bündig zu erklären:

1. Ist es möglich, daß ein Mensch als körperliches Wesen sich mit dem Teufel, einem angeblich existierenden Geiste (incubus et succubus) fleischlich vermische und Kinder erzeuge?

Die Frage ist für die Existenzberechtigung eurer Firmen von der höchsten Wichtigkeit. Hunderttausend haben euere Geschäftsvorgänger unschuldig hingemartert unter der Beschuldigung, jenes getan zu haben, während sie so gut wie wir alle wußten, daß ein solcher Umgang gar nicht möglich und ausführbar ist.

Wenn ihr die Frage trotzdem bejahen wollt, dann bringt den Beweis aus dem Schatze der heiligen römischen Kirche und nach der Weisheit der Mucker. Mit Phrasen ist da nichts entschieden. Wo sind denn heute die auf solche Weise entstandenen Teufelskinder? Ihr müsset sie vorführen, und über Ort, Zeit und Art der Geburt Belege liefern.

2. Ist es ausführbar, mit dem angeblichen Teufel einen Bund zu schließen, und ihn herbei zu zitieren?

Nun, man hat so viele Tausende deshalb hingemordet, weil sie dieses getan haben sollten. Jedes alte Weib sollte es ja so oft können. Dann werden die Bischöfe und die Repräsentanten der protestantischen Landeskirchen, wenn sie ihre gesamte religiöse Kraft in einem Topfe zusammenbrauen, es doch wohl wenigstens ein einzelnes Mal vermögen.

Daher fordern wir euch denn hiermit heraus: „Zeiget uns doch einmal euern angeblichen Teufel!“ Mag er sich einmal an einem vorher festgesetzten Tage in einer Sitzung des deutschen Reichstags präsentieren, um für die Richtigkeit der Hexenanklagen Zeugnis abzulegen. Die „Roten“, die ihn ja nicht fürchten, mögen ihn dann festhalten und auf seine teuflische Echtheit körperlich untersuchen nach Anleitung des Hexenhammers. Oder ist alles Schwindel, Lug und Trug?

Habt ihr vielleicht gar keinen Teufel und könnt darum auch keinen vorführen?

3. **Hat es jemals Hexen gegeben? Gibt es deren heute noch? Wo sind sie?**

Wenn es jemals Hexen geben konnte, dann müssen deren ja heute unendlich mehr herumlaufen als damals, wo so viel Land unter geistlicher Herrschaft stand, wo die Zahl der religiösen Gebäude viel größer, und die kirchlichen Segnungen unendlich zahlreicher waren.

Handeln also euere Firmen mit ehrlicher Ware, dann heraus mit den Beweisen. Nötigenfalls könnt ihr ja die Wunderkünste der Mönche wieder einmal spielen lassen.

4. **Hat jemals ein Weib Wetter gemacht, hageln lassen, oder Vieh bezaubert? Wer „macht" denn heute die Gewitter?**

Bedenket, Bischöfe, es steht in der Hexenbulle. Der unfehlbare Papst Innocenz VIII. hat es gesagt, daß die „Hexen" solche Dinge treiben. Also nur nicht geleugnet. Wenn ihr es aber bejahen wollt, dann gefälligst den Beweis geliefert, wie die Zauberer ihre Donner- und Blitzfabrik eingerichtet haben, und wo dieselbe zu besichtigen ist.

5. **Kann ein Mensch durch den Teufel übernatürliche Dinge vollbringen?**

Wenn „ja", dann schnell gebet Aufschluß, wie man das anstellen muß. Ich wollte nämlich, weil mir die Ehre der Priester und ihrer Dirnen (ach, nein, „Haushälterinnen" wollte ich sagen) so sehr am Herzen liegt, mit dem Teufelchen einen dahin lautenden Pakt schließen, daß jeder Bischof und Priester, jeder Mönch und jede Nonne, welche das Keuschheitsgelübde verletzt, sowie jeder Prediger und Prädikant, welcher vor der Ehe Unzucht, oder während der Ehe irgendwie Ehebruch getrieben, sowie alle Personen, die sich geschlechtlich mit ihnen abgegeben (incubus et succubus), äußerlich gekennzeichnet würden, und zwar durch **eine kohlschwarze, einen Fuß lange Nase**, die auf keinerlei Weise aus dem Gesichte zu entfernen wäre.

Das wäre eine Glorie für die Priester. Die keine Nase hätten, wären gerechtfertigt. Dann könnte keiner mehr **fälschlich** beschuldigt werden, das Keuschheitsgelübde verletzt zu haben.

Die geistliche Tugend wäre bestätigt. Sehet, wie mir euere Ehre in dieser wichtigen Sache am Herzen liegt. Also sagt mir doch, wie kann ich euch den Dienst leisten. Auf der Stelle will ich dann das Teufelchen zitieren und die Nasen sollen über Nacht da sein. Der „Teufel" würde ohne Zweifel an der Sache seine Freude haben und vielleicht auch mancher Seiler dann noch einen Strick verkaufen.

6. **Wo war doch die göttliche Fürsehung, als die angeblich von Gott gesetzte „Obrigkeit" hunderttausend Unschuldige auf den Tod marterte und verbrannte?**

Diese Frage, welcher jede denkende Mensch sich notwendig bei Betrachtung der Hexenprozesse stellen muß, bedarf dringend der Beantwortung. Was soll man noch vom Christentum halten, wenn sein Gott solche Frevel jahrhundertelang geschehen, und durch seine angeblichen Stellvertreter auf Erden so viele Menschen absolut unschuldig hinmorden ließ, unter Fingierung eines Verbrechens, welches nie ein Mensch begangen hat, und auch niemals ein Mensch begehen konnte. Muß derjenige nicht den Kredit verlieren, der in so vielen Fällen die versprochene Gerechtigkeit und den Schutz der Unschuld nicht leistete?

7. **Glaubt ihr an die Richtigkeit des Inhalts der Hexenbulle? Wenn ja, warum habt ihr denn schon seit mehr als einem Jahrhundert nicht mehr den Mut, diesen Glauben zu bekennen und zu vertreten?**

Im Laufe der letzten Jahrzehnte sind die Bischöfe wiederholt öffentlich aufgefordert worden, einmal in ihren Hirtenbriefen sich mit dieser Frage zu beschäftigen und klar und offen zur Hexenbulle Stellung zu nehmen. Aber bis jetzt hat dazu keiner den Mut gehabt. Das ist nicht nur feige, sondern auch unehrlich. Denn ist dieses folgenschwere Produkt der Weisheit der heiligen römischen Kirche, **an welchem so viel Menschenblut klebt**, falsche Münze gewesen, dann ist eure ganze Geschäftsfirma als eine Schwindelbude entlarvt, welche keine Existenzberechtigung mehr hat.

8. **Wo war der heilige Geist, als der unzüchtige Innocenz VIII. die Hexenbulle erließ?**

Die Kirche lehrt, sie sei vom heiligen Geiste inspiriert und derselbe wache darüber, daß sie nichts Falsches lehre. Nun ist aber die Hexenbulle, welche Innocenz VIII. am 5. Dezember 1484 erließ, über welche wir in der dritten Abteilung dieses Werkchens das Nähere gesagt haben, der größte Schwindel, durch welchen jemals die Menschheit betrogen, und zugleich der größte Blödsinn, der je erfunden wurde. Mit derselben ist die kirchliche Lehre von der Leitung durch den heiligen Geist absolut unvereinbar. Denn zu sagen, dieser habe die Hexenbulle mit incubus und succubus zu vertreten, wäre offenbar eine Gotteslästerung.

9. Haltet ihr wirklich mit der ganzen vernünftigen Welt den von zahlreichen Bettelmönchen heute noch genährten Hexenwahn für verderblichen Aberglauben? Warum macht ihr dann diesem Aberglauben nicht ein Ende?

Es ist Tatsache, daß in Bayern und anderen katholischen Ländern die Kapuziner und Franziskaner auf ihren Bettelzügen den Bauern sogar die Ställe weihen, damit keine Hexe dem Vieh etwas antue. Kommt bei einer Kuh eine auffallende Erscheinung vor (rote Milch u. dgl.), dann läuft der Bauer zum Kloster und der Mönch kommt und benediziert den Stall und das Tier. Zugleich hält man Umschau in der Nachbarschaft, um die Hexe, die dem Vieh das „angetan“, zu ermitteln. Das Ganze zeigt so recht, wie von den Priestern der Aberglaube immer noch systematisch gepflegt wird. Kann man es des Zeitgeistes wegen nicht mehr öffentlich in Predigt und Katechismus, so tut man es unter der Hand, denn — das Ding bringt was ein. Und auf protestantischer Seite ist es vielfach nicht besser. Die von Zeit zu Zeit in den Tagesblättern mitgeteilten Beispiele vom Hexenspuk, die guten Geschäfte, welche Betrügerinnen durch Kartenlegen in Berlin und anderswo machen; die Tatsache, daß der Spiritistenschwindel sogar in Offizierskreisen geduldet wird, zeigen zur Genüge, wo der Aberglaube seine Stützen hat. Die Vorväter dieser Leute ließen Tausende verbrennen, obgleich sie wußten, daß die Angeklagten unschuldig waren und daß die Dinge, deren man sie beschuldigte, kein Mensch begehen kann, und ihre ebenbürtigen Nachfolger haben keinen größeren Schmerz, als daß es ihnen nicht möglich ist, zu politischen und fiskalischen Zwecken auch heute noch Hexen zu verbrennen, darum stützen sie wenigstens den Aberglauben.

10. **Wollet ihr behaupten, daß die Folter, wie eure Vorgänger sie angewendet, ein Mittel sei, die Wahrheit zu erforschen?**

Die Folter war das Fundament der Hexenprozesse. Die Folterarten haben wir in der vierten Abteilung beschrieben. Für jeden, der nicht wider besseres Wissen lügen will, steht es unbedingt fest, daß solchen Martern keine menschliche Natur widerstehen kann. Wenn das in einzelnen Fällen vorgekommen sein soll, so findet es seine Erklärung darin, daß eben Richter und Henker bestochen waren und nur zum Schein folterten. Nicht umsonst warnt die Bibel, wo sie von Richtern spricht, bei jedem dritten Wort vor Bestechlichkeit und Annahme von Geschenken. Die oft so auffallend verschiedenen Urteile beim gleichen Vergehen; wenn der „Reiche" zu einer Geldstrafe verurteilt wird, die bei seinem Reichtum gar keine Strafe ist, wo der Arme sechs Monate Gefängnis bekommt, haben, wie jedes Ding in der Welt, ihre Ursache. Aus der gleichen Ursache konnte auch hie und da ein Reicher die Folter überstehen und dabei gesund und munter bleiben, während der Arme mit zerfetztem Fleische und zermalmten Knochen darauf starb. Diejenigen, welche die Folter einführten und anwenden ließen, haben es nur in der Absicht getan, ungerecht zu handeln; sie konnte in allen Fällen nur dazu dienen, zu schlechten Zwecken Unschuldigen ein falsches Geständnis abzupressen. Das wußte man und das nur wollte man auch.

11. **Behauptet ihr, imstande zu sein, die Martern der Folter auszuhalten, ohne auf derselben zu bekennen, daß man in euch die Betrüger der Menschheit zu erblicken habe?**

Die Frage ist keineswegs gegenstandslos. Wer noch am 1. Mai 1789 in Paris behauptet hätte, in zehn Wochen geht die Garde von Frankreich Hand in Hand mit dem Volke zum Sturm gegen die Bastille, den würde man für verrückt erklärt und ausgelacht haben. Und doch war es am 14. Juli 1789 Tatsache. So wird auch anderwärts plötzlich über Nacht die Stunde da sein, wo, um mit der Bibel zu reden, der Herr das vergossene unschuldige Blut vom Hause Manasses fordert, wo das heute noch so zahme Volk mit der Gewalt der Meereswogen, wenn sie gegen einen Fischerkahn schlagen, seine Menschenrechte sich selbst nimmt und furchtbar mit seinen Ausbeutern abrechnet, wo Gewehre und Kanonen sich ganz von selbst gegen diejenigen richten, welche sie angeschafft, indem deren Träger sich plötzlich als Söhne des Volkes, als ebenbürtige freie Bürger, als Kinder eines Vaters fühlen, die man um ihr Erbteil betrogen hat. Dieses Erbteil werden sie dann schon zu finden wissen, und als gute Christen auch nicht vergessen, daß die Schuld der Väter an den Kindern bis ins vierte Geschlecht gerächt werden soll und daß unschuldig vergossenes Blut **unverjährbar** die Geschäftsnachfolger der schuldigen „Firmen" anklagt und haftbar macht.

12. Warum schnappten allezeit Kirche und Staat so hundegierig nach dem Gelde der Ketzer und Hexen?

Es ist das eine ganz reizende Erscheinung, sehr charakteristisch für die Schwindelfirmen. Während diese lehrten, Ketzer und Hexen seien in so hohem Grade staatsgefährlich, „Reichsfeinde" und „Gottlose", daß nur im Feuer durch ihre völlige Vernichtung der Teufelsbrut unschädlich gemacht werden könne, haben sie doch das Geld der Verbrannten niemals „ketzerisch" oder „teuflisch" gefunden. Hätten sie selbst geglaubt, was sie sagten, so hätten sie selbstverständlich auch Geld und Gut der Verbrannten der „gottverschworenen Vertilgung" preisgeben müssen, wie es Moses geboten hat. Denn wenn das schon für die Bewohner Kanaans gelten sollte, welche doch nur Heiden waren, wievielmehr dann für „Hexen", in welchen der „Teufel" steckte, deren Geld und Gut also teuflisch und behext war. Aber so hat kein Bischof und kein Fürst gedacht. Im Gegenteil, sie schnappten mit solcher Gier nach dem Eigentum der unschuldig Gemeuchelten, daß man es mit Händen greifen konnte, daß dessen Raub ihnen die Hauptsache und der Zweck des ganzen Verfahrens war.

13. Habt ihr denn keinen Gott, der für euch ein Zeichen tut, zur Anerkennung der Greuel der Hexenprozesse als göttliche und christliche Institution?

Die Frage ist wohl wert, mit allem Nachdruck gestellt zu werden. Denn angeblich sollen die Leute der Kirche im Laufe der Jahrhunderte so viele Wunder gewirkt haben, daß es ihnen auf eines mehr im Falle der Richtigkeit ihrer Angabe auch nicht ankommen dürfte. Und da ihr behauptet, nur aus Eifer für Gott, und aus Haß gegen den „Teufel" die

Hexen verbrannt zu haben, so dürfte gewiß dieser Gott auch gerne für euch eintreten, falls ihr nicht lügt und in Wahrheit kein Gott mit den Hexenprozessen etwas zu tun hat.

Um euch etwas zu stacheln und die Sache der Entscheidung näher zu bringen, machen wir folgenden Vorschlag: Es wolle sich aus freisinnigen Männern aller Konfessionen ein Ausschuß bilden, um dem Bürgermeister Flade zu Trier vor der Türe des bischöflichen Hauses oder vor dem Dom ein Sühnedenkmal zu setzen mit der Inschrift:

„Zur Erinnerung an den infolge der falschen Lehre des unsittlichen Papstes Innocenz VIII. im Jahre 1589 hier in Trier unschuldig als Hexenmeister hingerichteten Dr. Dietrich Flade, Bürgermeister dieser Stadt und Rektor der Universität."

Man müßte alles aufbieten, um zur Beschaffung der Mittel eine Geldlotterie bewilligt zu erhalten, um auch zu Würzburg, Bamberg und Paderborn den Bischöfen solche Denkmäler zur Verherrlichung des einst an dem betreffenden Orte von den Priestern am meisten gehaßten Hexenmeisters vor die Türe der Wohnung oder vor den Dom zu stellen. Dann wird ihre Galle kochen bis zur Siedehitze und wenn sie trotzdem keinen Gott haben, der zur Legalisierung der Hexenbulle und der Hexenprozesse ihnen mit Wundern eintritt, dann weiß es auch das dümmste Kirchenschaf, wie sehr seine Hirten mit jenen Freveln die Menschheit betrogen haben.

14. Hätten dann die Völker nicht Recht, wenn sie das Christentum abschafften, welches solche Früchte getragen hat, und dessen Vertreter nach den Vorschriften des Hexenhammers als die einzigen wahren und wirklichen „Teufel" richten?

Wenn wir die Geschichte der heidnischen Völker in allen Weltteilen und in allen Jahrhunderten durchgehen, so finden wir keine Schandtat und kein Verbrechen, welches auch nur entfernt mit den Greueln der Hexenprozesse verglichen werden könnte. Daher kann mit der Abschaffung derselben die Sache nicht erledigt sein. Das Blut der mehr als hunderttausend Unschuldigen schreit um Rache zum Himmel, und diese

Rache muß alle diejenigen treffen, welche die Institutionen vertreten, die den Frevel begangen. Der Baum, der keine guten Früchte trägt, soll abgehauen und ins Feuer geworfen werden. Schlechtere Früchte, als die Hexenprozesse es sind, hat niemals irgend eine Einrichtung auf Erden hervorgebracht. Die Vertreter des Christentums müssen also mit demselben fallen, wenn sie nicht beweisen, daß der Inhalt der Hexenbulle wahr ist und daß ihre Folgen gerechtfertigt waren.

15. **Und endlich, wie verträgt sich das Dogma, von der Unfehlbarkeit des Papstes mit dem Inhalt der Hexenbulle?**

Nach diesem Dogma soll der Papst unfehlbar und jeder Irrtum ausgeschlossen sein, wenn *in einem Punkte des Glaubens und der Sitte der Papst ex cathedra als oberster Lehrer entscheidet.*

Alle diese Umstände treffen bei der Hexenbulle zu. Dieselbe betrifft im höchsten Grade einen Gegenstand des Glaubens und der Sitte. Denn was kann mehr in diesen Bereich fallen, als die Lehre vom Teufel und den Beziehungen, in welche der Mensch zu diesem angeblichen bösen Geiste treten kann.

Ein Ausspruch des Papstes über diesen Gegenstand, wie ihn die Hexenbulle bietet, ist aber auch stets eine Entscheidung ex cathedra. Denn dieselbe berührt die *ganze* Kirche, weil es ja nur *einen* allgemeinen Teufel, nicht für jede Nation einen besonderen Nationalteufel, mit verschiedenen Eigenschaften, geben soll.

Nun ist aber die Hexenbulle mit ihrer Behauptung einer fleischlichen Vermischung vieler Menschen mit Teufeln männlichen und weiblichen Geschlechts, mit ihrer Zauberkraft alter Weiber und dem ganzen übrigen Schwindel, der größte Blödsinn, welcher jemals erfunden wurde.

Es steht also die Tatsache fest, daß der unzüchtige Papst Innocenz VIII., indem er am 5. Dezember 1484 zu seinen sechzehn Bastarden auch noch die Mißgeburt dieser Bulle hinzufügte, die Christenheit betrogen und in Irrtum geführt hat und zwar mit dem Resultate, daß dadurch mehr als hunderttausend Menschen *völlig unschuldig* martervoll umgebracht wurden. Bischöfe, Ihr habt jetzt das Wort.

## IX.

# Die modernen Hexenprozesse.

„Wehe euch, die ihr das Böse gut, und das Gute bös nennt; die ihr das Licht zur Finsternis und die Finsternis zu Licht verkehrt." Jesaias 5, 20.

Das Wesen der Hexenprozesse bestand darin, daß die angeblich von Gott gesetzte „Obrigkeit" wider besseres Wissen Unschuldige verurteilen ließ.

Kommt das vielleicht heute nicht mehr vor? Gewiß für jeden, der die Zustände der modernen Staaten kennt, eine zeitgemäße Frage. Man gehe nur einmal die Preßprozesse der letzten dreißig Jahre durch und man wird finden, daß in weitaus der Mehrzahl der Fälle Redakteure und Schriftsteller nur deshalb verurteilt wurden, weil sie die Wahrheit geschrieben hatten.

Jedes Verdikt aber, welches den Vertreter einer unbequemen Wahrheit verurteilt, ist nicht nur ungerecht, sondern ein Verbrechen am freien Menschengeiste. Wer die Wahrheit nicht ertragen kann, mag abdanken; er hat keine Daseinsberechtigung.

Heute noch Menschen verbrennen zu lassen, weil sie „Wetter gemacht", steht in der Macht keines Fürsten und keiner Regierung. Das erlaubt ihnen der Geist der Zeit nicht mehr, und sie haben auch keinen Gott und keinen Teufel, der daran etwas ändert.

Aber alle diejenigen, welche die Verurteilung der Wahrheit betreiben oder protegieren, bekennen dadurch, daß sie um kein Haar besser sind, als die Autoren der Hexenprozesse, und daß eben ihr schlimmstes Herzeleid darin besteht, daß sie jene Frevel nicht heute noch fortsetzen können.

Fürsten und Regierungen sind einfach Diener des Volkes; sie sind dazu da, das Wohl der Gesamtheit der Bürger gerecht und ohne Unterschied der Person und Partei zu befördern.

Wenn aber statt dessen eine Regierung, zum Nachteil der Gesamtheit, den Vorteil eines schmarotzenden Junkertums sucht, welches völlig unnütz ist; wenn sie es gestattet, daß dem Volke die notwendigsten Lebensmittel verteuert werden, nur damit Müßiggänger schwelgen können, so verletzt sie ihren Daseinszweck.

Die Regierung hat die Pflicht, gerade die Armen und Schwachen gegen die Ausbeutungsgelüste der Reichen zu schützen. Dazu ist sie da. Andernfalls ist das Volk berechtigt, sich selbst zu helfen. Das ist nicht nur die Ansicht der Philosophen des achtzehnten Jahrhunderts, sondern auf diesem Standpunkte stand schon das katholische Mittelalter.

Nach der Lehre des hl. Thomas von Aquin, Kardinal Cajetan, Bellarmin, Suarez und anderer ist die Auflehnung gegen wahre und wirkliche Tyrannei erlaubt. Tyrannei liegt vor, wenn eine Regierung gänzlich aus den Schranken heraus tritt, die ihr durch das göttliche Recht gezogen sind; wenn sie aufhört, ihren Daseinszweck, die gleichmäßige Beförderung des Wohles aller Volksklassen, zu erfüllen. Sobald eine Regierung einen Teil der Bürger dem anderen zur Aussaugung und Knechtschaft überliefert, befindet sich der unterdrückte Teil in der extremen Lage, wo das Gewissen nicht nur in einzelnen Fällen, sondern nach allen Richtungen hin, vom Gehorsam entbindet. Eine Unterwerfung ist nicht mehr möglich, wenn man einem erklärten Feinde, einem Schadenstifter, gegenübersteht. In diesem Falle ist das sittliche Band zwischen Regierung und Volk nicht nur gelockert, sondern zerstört und dann ist das Volk in seinem Rechte, wenn es dieses Band auch faktisch zerreißt.

Thomas v. Aquin nennt das Gesetz eine von der Vernunft zum allgemeinen Besten der Gesamtheit des Volkes diktierte, und von dem, welchem die Sorge für dieselbe obliegt, bekannt gemachte Vorschrift. „Das Gesetz soll aus der Vernunft hervorfließen, aus der Quelle, die in Gott entspringt. Die Inhaber der Staatsgewalt sind nur Werkzeug dieses göttlichen Gesetzes, nichts weiter.“

„Hat ein Gesetz nicht das allgemeine Wohl der Gesamtheit im Auge, ist es nicht erlassen des gemeinen Bestens wegen, sondern aus Habgier, Ehrgeiz oder Ungerechtigkeit, so ist es kein die Gewissen bindendes Gesetz, sondern eine Gewalttätigkeit, die man abwehren darf." An einer anderen Stelle bei Thomas v. Aquin heißt es wörtlich weiter: „Gott hat die Könige eingesetzt, um jedem den Besitz seiner Rechte zu schützen. Das ist der Zweck ihrer Einsetzung. Handeln sie anders, benutzen sie die Gewalt zu ihrem eigenen Vorteil, oder nur zum Vorteile eines Teiles des Volkes zur Unterdrückung des anderen Teiles, so sind es keine Könige mehr, so sind es Tyrannen."

„Nur Gesetze, welche gerecht sind, verpflichten im Gewissen; ungerechte Gesetze binden das Gewissen nicht. Ungerecht können Gesetze aus verschiedenen Gründen sein: zunächst in Rücksicht auf den Zweck, wenn z. B. der Gewalthaber seinem Volke harte Gesetze auferlegt, nicht aus Gründen des gemeinen Wohles, sondern aus Ehrgeiz, Eigennutz, etwa zur Führung von Raubkriegen. Ungerecht ist auch jedes Gesetz, welches der Herrscher außer den Grenzen seiner Befugnis erläßt, also im Widerspruch mit verfassungsmäßigen Bürgerrechten. Ungerecht endlich sind Gesetze, welche die Lasten im Volke ungerecht, das heißt nicht genau nach Maßgabe des Vermögens und der Leistungsfähigkeit verteilen, mag übrigens auch das öffentliche Interesse sie erheischen." —

Wie viel können doch unsere Staatsmänner, namentlich bezüglich des schuldigen Eintretens für die Armen, noch von den Theologen des Mittelalters lernen!

Aber freilich, es wäre auch ein Irrtum, wenn man unseren Staat als einen christlichen bezeichnen wollte. An das Christentum erinnern nur noch die kirchlichen Gebäude und die Besoldungen der Priester und Prediger. Ich sage ausdrücklich, nur ihre Besoldung, denn schon der Lebenswandel dieser Personen ist mit wenigen Ausnahmen dem Christentum völlig fremd.

Das Wesen des Christentums besteht in der Nächstenliebe. „Liebe deinen Nächsten, wie dich selbst!" und „daran sollen alle erkennen, ob ihr meine Jünger seid, daß ihr einander liebet, wie ich euch geliebet habe!" sagt Jesus.

Von dieser Liebe, und also auch vom Christentum, ist aber in unseren öffentlichen Zuständen nichts zu finden, sie ist auch keineswegs die Grundlage der Gesetzgebung. Überall aber stoßen wir auf das Gegenteil. Zunächst lieferte man das

Christenvolk den Juden aus. Hatten dieselben schon früher durch Schacher und Wucher gar viel vom Christengute sich angeeignet, ohne daß seit den Tagen Wenzels ein Fürst sie genötigt hätte (vgl. S. 32 u. 33), einmal wieder nach ihrem Gesetze das Jubeljahr zu halten, so kam für sie im Anfange des neunzehnten Jahrhunderts die goldene Zeit. Bei dem Raube des Kirchenguts 1803 waren es die Juden, welche sich das Fett von der Suppe aneigneten, zu Spottpreisen ungeheuern Landbesitz erwarben und denselben dann in kleinen Teilen zu hohen Preisen verschacherten. Dabei wurden Millionen verdient, Bankhäuser gegründet, und so war bald der große Geldumsatz fast nur noch in den Händen der Juden. Alle Fürsten und Staaten waren ihre Schuldner und wurden es immer mehr. Hatten die jüdischen Geldhauptleute eine Staatsanleihe oder sonst ein Börsenpapier durch Schwindelanpreisungen zu hohem Kurs den Christen angehängt, dann taten sie sich zusammen, ließen plötzlich den Kurs tief sinken, um zu billigen Preisen wieder einzukaufen, was sie teuer ausverkauft hatten. Nach einiger Zeit ließen sie den Kurs wieder steigen, verkauften die Papiere wieder mit hohem Gewinn, um, wenn dieselben an den Mann gebracht waren, den Kurs wieder mutwillig und betrügerisch zu drücken.

Bei jedem Zuge, wo sie in dieser Weise das Netz auswarfen und zurückzogen, blieben viele Millionen vom Christengute darin hängen. Und die Fürsten und Regierungen waren weit entfernt, ihr Volk, die Christen, zu schützen, sie ernannten vielmehr die jüdischen Börsenleute zu Baronen.

Im September 1898 wurde die Kaiserin von Österreich zu Genf ermordet, wohin sie nur zu dem Zwecke gegangen war, um die „Baronin Rothschild" zu besuchen. Da traf sie der Dolch des Banditen. Wollte der Himmel durch dieses Ereignis vielleicht den Fürsten die Lehre geben, in wie hohem Grade es für eine Habsburgerin eine Schande war, der Jüdin nachzulaufen?

Gerade wie der jüdische Bankier in der Hauptstadt, so machten es die Schacherjuden im ganzen Lande. Sie bezahlten dem Bauer viel weniger, als er ihnen schuldig blieb, preßten ihm dann Vieh und Acker zu Spottpreisen aus, verkauften dieselben aber teuer.

Und was taten die angeblich christlichen Regierungen dagegen? Sie schafften die Wuchergesetze und alle sonstigen Bestimmungen, die den Juden etwa noch im Wege standen, ab und erleichterten ihnen auf jede Weise ihr „Geschäft."

Heute ist es schon so weit mit der wirtschaftlichen Abschlachtung des deutschen Volkes, daß in allen Städten die Hauptgeschäfte, die Großbazare, in den Händen der Juden sind. Jedes einzelne dieser „Warenhäuser" bedeutet den Untergang von hundert christlichen Geschäftsleuten und Handwerkern. Dieselben hatten sich bisher damit ernährt, daß sie zu angemessenen Preisen in bescheidenem Bereiche gute Ware lieferten. Jetzt kommt das jüdische „Warenhaus" und nimmt ihnen allen mit seiner minderwertigen Schwindel- und Ramschware, die zu ganz geringen Preisen verschleudert wird, das Brot vor der Nase weg. Was tut dagegen die Regierung? Verbietet sie eben die minderwertige Ware, oder belegt sie wenigstens das „Warenhaus" mit einer so hohen Gewerbesteuer, als vorher die kleinen Einzelgeschäfte, die sich vom Verkaufe dieser Artikel ernährten, zusammen aufbrachten? O nein, diese alle mögen zugrunde gehen, darum kümmert sich keine Regierung; dagegen kann der Jude, der dieses bewirkt hat, sogar von der Einkommensteuer frei bleiben, wenn er sagt, er habe nichts verdient. Das ist tatsächlich in Elberfeld bei dem Inhaber eines solchen „Warenhauses" schon vorgekommen. Warum soll der Jude denn auch noch Einkommensteuer zahlen? Hat er doch so viele ehrliche Christen mit seiner Bude zugrunde gerichtet und also für die „christliche Regierung" seinen Daseinszweck erfüllt.

Denn für diese und den „Zeitgeist" ist in der Tat Gott und Religion in der Praxis sehr oft in der Respektierung des jüdischen Schmutzes zu finden. Diesen sollen alle für rein erklären; jeder wird danach beurteilt, ob er das tut. Es verderblich zu finden, daß seit einem Jahrhundert die Juden den größten Teil des germanischen Nationalvermögens aufgesogen haben, ist das höchst denkbare Verbrechen. Versammelte man heute alle deutschen Zeitungsbesitzer und ihre Redakteure auf einem Platze und stellte ihnen die Wahl, entweder mit eigener Hand Christus von neuem zu kreuzigen, oder über die Schädlichkeit des semitischen Einflusses im germanischen Lande die Wahrheit in ihren Blättern zu schreiben, so würden sie ohne allen Zweifel eher auf der Stelle Christus kreuzigen, als gegen die Juden schreiben. Denn wenn sie letzteres täten, könnten sie ja die Inserate der jüdischen Geschäfte verlieren, und diese Inserate sind ihnen viel mehr wert als das ganze Christentum. Jedenfalls würde nur höchstens ein Zehntel von allen letzteres den Judeninseraten vorziehen; auch käme das nur bei kleinen Leuten vor, die noch ein Gewissen haben.

„Ihr seid alle Kinder eines Vaters," sagt Jesus. Folglich ist die Annahme von Geburtsvorzügen eines sogenannten Adels einfach antichristlich. Und doch spitzt sich das ganze Berliner Regierungssystem dahin zu, in allem die Junker zu begünstigen, zum Nachteil des übrigen Volkes. Im Interesse der Junker wird das Brot des Armen durch Getreidezölle verteuert und die Grenzen werden für ausländisches Vieh gesperrt, damit die deutschen Bürger den Junkern ihre Ochsen und Schweine desto teurer bezahlen müssen. Außerdem wurden den Junkern wiederholt besondere gesetzliche Vorteile zugewendet, die in keiner Weise mit dem allgemeinen Volksinteresse verträglich sind, wie z. B. Schnapsbrennliebesgabe, Zuckerprämien u. dgl. Dazu werden sie noch bei Besetzung der besseren Stellen bei der Zivilverwaltung wie beim Militär in einer Weise bevorzugt, die geradezu eine Beleidigung für den Bürgerstand ist. Das alles steht im Widerspruch mit dem Begriff eines christlichen Staates.

Aber nicht nur die Junker, jede Erwerbsklasse der Reichen schließt unter ihren Mitgliedern Ringe, um ihre Erzeugnisse über Preis bezahlt zu erhalten. Auf diese Weise werden den Armen die notdürftigsten Lebensbedürfnisse, Petroleum, Kohlen, Leder usw. verteuert, nur damit das Vermögen der Millionäre, die ohnehin im Überfluß schwelgen, immer mehr anwachse, der Mittelstand immer mehr schwinde und die Kluft zwischen Armen und Reichen immer größer werde. Und was tut dagegen die „christliche Regierung"? Einfach nichts, ja rein gar nichts!

„Wehe denjenigen, welche ungerechte Gesetze machen, und den Schriftgelehrten, welche Ungerechtigkeit schreiben, daß sie die Armen im Gerichte unterdrücken und Gewalt antun der Sache der Geringen meines Volkes, daß die Witwen ihnen zur Beute werden und sie die Waisen berauben," heißt es in der Bibel (Jesaias 10, 1. 2).

Es ist in der Tat nötig, auf diese Bibelstelle die „Zionswächter" mit der Nase zu stoßen, gegenüber dem Treiben der Schamlosesten unter den Unverschämten.

In der zweiten Augustwoche 1899 versammelte sich in Elberfeld im Muckertal der Zentralverband der städtischen Haus- und Grundbesitzervereine Deutschlands. Diese „Delegierten" stoppelten dann am 10. August einen „Normalmietvertrag" zusammen, in welchem alle Rechte, welche das Bürgerliche Gesetzbuch dem Mieter gibt, gestrichen und in das Gegenteil verdreht werden. Als Probe sei nur erwähnt, daß in dem charakteristischen Machwerk, entgegen dem § 551 BG., welcher sagt: „Der Mietzins ist am Ende der Mietzeit, resp. nach dem Ablauf der einzelnen Zeitabschnitte zu entrichten," Vorausbezahlung der Miete gefordert wird. Und statt § 554 BG., welcher bestimmt, daß Kündigung erst Zulässigkeit erlangt, wenn der Mieter mit zwei Zahlungsterminen im Rückstande ist, setzte das Protzenstück: „Wer drei Tage mit der Vorausbezahlung im Rückstand bleibt, dem wird mit Frist **von drei Tagen** gekündigt."

Diese Leute scheinen viel in Bordellen zu verkehren, daß sie mit „Vorausbezahlung" so vertraut sind. Aber welcher Grad von Frechheit und Ehrlosigkeit gehört dazu, gegen klare gesetzliche Bestimmungen seine gleichberechtigten Mitbürger rechtlos machen zu wollen. Gewiß, der Mieter, der sich so seiner gesetzlichen Rechte berauben ließe, daß er einen solchen „Vertrag" unterschreibt, wäre ehrlos; aber derjenige, der es ihm zumutet, ist es doppelt.

Hand in Hand mit der Fabrikation eines solchen Machwerks ging eine Sadarnapalsche Schwelgerei. Der „General-Anzeiger" für Elberfeld-Barmen vom 11. August 1899, ein Kapitalistenblatt, berichtete darüber: „Frohe Feste feierten die aus Anlaß des Verbandstages der städtischen Haus- und Grundbesitzervereine Deutschlands nach hier gesandten Delegierten, sowie die Mitglieder des hiesigen und Barmer Vereins Dienstag und Mittwoch nach den geschäftlichen Beratungen. Dienstag bestand die Feier in einer vom rheinisch-westfälischen Verband gegebenen **Weinspende**, die im festlich geschmückten Saale der „Erholung" zahlreiche „Damen" und Herren vereinigte. Bei Konzertvorträgen usw. flossen die Stunden nur zu schnell dahin und eine Stimmung griff Platz, **wie sie feucht-fröhlicher nicht gedacht werden kann.** Als die letzten das Lokal verließen, leuchtete die aufgehende Sonne den Festgästen bereits auf dem Heimwege." Folgt im Anschlusse daran dann noch über ein ähnliches Gelage in Barmen der „Bericht", welches am Tage darauf stattfand. Dabei wird auch als sprechender Delegierter ein „Pastor Schulze aus Berlin" erwähnt. Natürlich, wenn es sich darum handelt, den Armen ihre gesetzlichen Rechte zu stehlen, dann muß doch notwendig auch ein „Pastor" dabei sein.

Aber, welche Lüge ist es, eine solche Gesellschaft eine christliche zu nennen. Nein, die Vertreter aller derartigen Bestrebungen zur Unterdrückung und Ausbeutung der Armen sind gefräßig wie der Hund, gierig wie der Hund, neidisch wie der Hund, kurz sie haben alle Eigenschaften eines Hundes mit Ausnahme der Treue. Bei einem Teil dieser gemeinschädlichen Sorte geht die Hundenatur so weit, daß sie wie diebische Köter sogar noch die klaren gesetzlichen Rechte ihrer Mitbürger zu stehlen suchen.

Und solche Leute und solche Bestrebungen beherrschen das ganze öffentliche Leben im Staate. Zwischen ihnen und den Geboten der Liebe und Entsagung des Christentums ist ein Unterschied wie zwischen Tag und Nacht, wie zwischen Himmel und Hölle, wie zwischen Gott und Teufel. Darum, ihr Heuchler, nehmet das Kreuz vom Altare eurer Kirchen und setzet einen goldenen Hund an dessen Stelle. Er ist das treffende Symbol eurer gesamten „Religion" und auch des ganzen sittlichen Wertes eurer Bestrebungen.

Allerdings hat bei den Spießbürgern die politische Bildung und Charakterfestigkeit in den letzten fünfzig Jahren gewaltige Rückschritte gemacht. Wo man noch im Anfange der sechziger Jahre stolze Männer sah, welche in der Opposition gegen das Unrecht nicht wankten, hat heute die Sorte der „Waschlappen" überhand genommen. Allerdings haben sie noch einige freisinnige Phrasen, aber wenn es darauf ankommt, die Person für das Volk, für die Armen und Enterbten, einzusetzen, dann lassen sie sich wie ein gebrauchtes Abwischlümpchen zusammenwickeln und in die Ecke werfen. Das Wedeln und Katzenbuckeln überlassen sie keineswegs allein den Konservativen und Nationalliberalen.

Diejenigen, welche die Verteidiger der Unterdrückten und Armen sein sollten, die Vertreter der Konfessionen, die Priester und Prediger mit ihrer „Zentrumspartei", sind vielmehr die Stütze der Volksfeinde. Das Volk braucht Licht, um das Unkraut auszurotten, welches am Lebensbaume der Nation saugt, und sie suchen nur die Finsternis immer drückender zu machen, um jenem Unkraute das teure Dasein noch länger zu fristen.

Die Natur bietet so überreichlich ihre Güter und Genüsse, daß alle Kinder der Erde sich ihres Daseins freuen und glücklich sein könnten. Aber ein Häuflein Schmarotzerpflanzen überwuchert die gesellschaftlichen Verhältnisse und nimmt alle Güter und Genüsse ausschließlich für sich in Anspruch. Die große Mehrzahl der nach den ewigen unverbrüchlichen Gesetzen der Natur und Vernunft vollkommen Gleichberechtigten sieht sich ihres Anteils beraubt und muß im Elende darben.

Da geht denn ein Strahl des göttlichen Lichtes der Vernunft durch die Massen, es dämmert allmählich vor ihren Augen, sie fangen an, zu fühlen das Unbillige und Unnatürliche ihres Zustandes. Bescheiden erheben sie ihre Stimme und reklamieren die ihnen gebührende Stelle in der Gesellschaft.

Doch die Träger der Korruption sind weit entfernt, die Sprache der Gerechtigkeit zu würdigen; der Ruf nach Abhülfe, den sie vernehmen, dient nur dazu, ihr böses Gewissen zu wecken.

Sie wissen es, daß die Zustände morsch und faul sind, daß der Boden unter ihren Füßen hohl ist, daß die Sprossen der unehrlichen Leiter ihrer Größe mit jedem Schritte hinauf dünner und wackliger werden.

Aber in lächerlicher Verblendung wollen sie das Rad der Zeit rückwärts drehen und der geistigen und wirtschaftlichen Entwicklung der Menschheit Halt gebieten. Das Bewußtsein ihrer unlauteren Sache macht sie zittern. Sie fürchten, es könne der Tag erscheinen, wo das unabsehbare Heer der darbenden und verzweifelnden Unterdrückten getrosten Mutes in den Himmel greift und herunterholt seine ewigen Rechte auf verhältnismäßigen Anteil an den Gütern der Erde.

Darum trommeln sie die Repräsentanten der Geistesknechtschaft und der Vernunftverfinsterung herbei, damit dieselben die sonnenklaren Rechtsbegriffe mit dem Dunste des Aberglaubens umhüllen und verwirren. Statt Gerechtigkeit und Wahrheit sollen sie feige Gesinnungslosigkeit, und statt der Menschenrechte, sklavische Unterwerfung predigen.

Das Pfaffentum soll ihnen die mit jedem Tage zunehmende Zerrüttung des ehrlichen arbeitsamen mittleren Bürgenstandes, das Krebsübel der stets wachsenden Scheidung des Volkes in ein kleines Häuflein unnützer Junker, Prasser und Börsenjuden, welche sich alles aneignen, gegenüber der großen Mehrheit besitzlos und unglücklich gemachter armen Menschenkinder, die unverschuldeterweise fast nichts haben, — als funkelnagelneue Einrichtung seines „Gottes“, als „göttliche Weltordnung“ ausgeben.

Dabei übersehen sie nur, daß der Blödsinn, ein Gott der Gerechtigkeit sei der Veranstalter und Patron der größten Unbilligkeiten, der Vertreter der Drohnen gegen die Arbeitsbienen, ein gar zu plumper Schwindel ist. Das glaubt den Priestern und Predigern kein denkender Mensch. Die geistlichen Stiefelputzer des Mammons und der Knechtschaft mögen sich wohl merken, daß ein solcher Mißbrauch religiöser Institutionen leicht dazu führen könnte, daß das Volk diese Institutionen abschafft. Und dann wäre ihnen ja das Türchen unter dem Altare, worauf allein ihre Existenz beruht (Daniel 14, 20), zugemauert.

Aber noch andere Faktoren werden in den Dienst des Unrechts und der Unterdrückung gestellt. Das Hauptanliegen der modernen Staaten ist es, nur die Mordinstrumente zu verschärfen und die Zahl ihrer Träger zu vermehren. Daß sie im Gebrauche derselben recht viele Kinder des Volkes ausbilden, kann nicht schaden. Aber ein großer Irrtum wäre es, sich gar zu fest darauf zu stützen, es sei so ganz sicher, daß dieselben zur Verteidigung der Drohnen gegen die Arbeitsbienen, ihre Väter und Brüder morden würden. In England fiel schon 1649 der Kopf eines Königs und in Paris 1793. In Frankreich ging wiederholt das Militär zum Volke über, eben weil die Franzosen ein politisch gebildetes Volk sind, wo auch der Soldat die Grenzen der herrschenden Gewalt einerseits, und die Menschenrechte andererseits kennt. Diese politische Bildung ist jetzt auch in Deutschland heimisch; der Arbeiter liest seine Zeitung schon lange, bevor er in die Kaserne kommt, und auch wieder, wenn er dieselbe verlassen hat. Man wird also wohl tun, sich so zu betragen, daß man nicht zu viel zu fürchten hat. Der Wahn, die Kinder des Volkes würden gegen dieses selbst und für die Ausbeuter streiten, könnte sich schrecklich rächen. Und sobald das erste Regiment die Gewehre umkehrt, folgen die anderen von selbst und — der Krach ist da. Dann heißt es, Abschaffung des sogenannten „Adels" und Teilung seines Grundbesitzes unter diejenigen, die als Arbeiter, Tagelöhner und Dienstboten seit Jahrhunderten auf diesen großenteils den Eingeborenen von Hergelaufenen geraubten Gütern gefrohndet. Die Dienstbotenordnung von 1810 findet dann nur noch auf die Körper der Junker usw. Anwendung, um sie an Arbeit zu gewöhnen. Dann heißt es ferner: Herausgabe des zuerst im sechzehnten Jahrhundert, 1803 und später gestohlenen Kirchenguts, welches man unter dem Namen von „Domänen" rechtswidrig besitzt; zum Besten der Armen und Notleidenden soll es seiner ursprünglichen Bestimmung gemäß verwendet werden. Ja, dann werden die sogenannten „adeligen Fräuleinstifte", diese dem Volke gestohlenen ehemaligen Klöster, Versorgungsplätze für invalide Arbeiter und Dienstboten, und die Weibspersonen, die bisher darin ein faules Leben geführt, mögen als Stallmägde beim Bauern ihr Brot verdienen. Und alle die Millionen der Börsenjuden und übrigen müßigen Leute, sie werden Gemeingut des ganzen Volkes. Glaubt man vielleicht, die Kinder der Armen und ungerecht Enterbten würden dafür streiten, **dieses**, die Besserung ihrer eigenen Lage, zu verhindern? Aber freilich, „wen die Götter verderben wollen, dem nehmen sie den Verstand," sagten schon die alten Heiden. —

„Was der Fürst will, das spricht der Richter," heißt es in der Bibel beim Propheten Michäas, Hauptstück 7, Vers 3. Wenn es in der Bibel steht, dann muß es doch wahr sein.

Die modernen Hexenprozesse bestehen nicht nur in der systematischen Pflege des Aberglaubens, in der antichristlichen Hegung eines gemeinschädlichen Junkertums, in der Begünstigung der Ausbeutung der Armen und Schwachen durch Ringe und Lebensmittelverteurung, in der Antastung der gesetzlichen Rechte der wirtschaftlich Schwächeren und in der Unterdrückung der freien Meinungsäußerung.

Ein Hauptbestandteil derselben sind auch die Preßprozesse, besonders diejenigen wegen sogenannter „Beleidigung".

Gehen wir die ganze Geschichte der Menschheit durch, so finden wir nur unter korrupten Zuständen Prozesse blühen, in welche freie Bürger die Diener des Volkes dadurch „beleidigt" haben sollten, daß sie deren Verhalten kritisiert.

Hier vor allem gilt das Wort Jesu: Nur wer Böses tut, hasset das Licht. Ein Beamter, welcher gewissenhaft handelt, braucht keine Kritik seiner Taten zu fürchten, und dieses um so weniger, da diese Leute ja überall ihre Regierungsblätter haben, um etwaige irrtümliche Auffassung der Regierungsart zu berichtigen. In Preußen ist es für den Bürger, der sich über einen Diener des Staates oder der Gemeinde zu beklagen hat, zehnmal schwerer, ein Blatt zu finden, welches seine Sache vertritt, als für den Beamten, sich die Organe zur Beantwortung des Tadels zu verschaffen.

Es ist das Recht des freien Bürgers und insbesondere der Schriftsteller und Redakteure, die Handlungsweise der öffentlichen Diener im allgemeinen Volksinteresse zu beleuchten und nötigenfalls zu bekämpfen. Letzteres besonders dann, wenn eine Staatsgewalt schon prinzipiell in verkehrter Bahn wandelt. Was kann aber im Anfange des zwanzigsten Jahrhunderts lächerlicher und verderblicher sein als die Begünstigung eines unnützen Junkertums, als die 16000 geschlossenen Gutsbezirke mit ihrer Dienstbotenordnung von 1810, als mutwillige Verteuerung notwendiger Lebensbedürfnisse der Armen zugunsten von Millionären, die ohnehin schon viel zu viel besitzen.

Eine Regierung, welche nur entfernt richtiges Verständnis für ihre Pflichten hat, muß in unserer Zeit rücksichtslos dahin wirken, dem Zusammenfluß des Nationalvermögens in wenigen Händen zu steuern, vielmehr allgemeinen Wohlstand zu befördern. Denn die wenigen zehnfachen Millionäre sind keine Stütze für den Staat im Falle der Not. Sobald Deutschland die erste Schlacht verliert, schaffen selbstverständlich die jüdischen Börsenfürsten ihre Millionen schnell über die Grenze. Es bestätigt sich dann die Voraussage Pharaos: „Sie werden sich zu unseren Feinden schlagen und aus dem Lande ziehen" (2. Mos. 1). Es wäre mehr als lächerlich, zu glauben, auch nur ein einziger jüdischer Börsenmann würde sich im Falle der Gefahr für Deutschland aufopfern. Aber auch die anderen Millionäre tun das nicht. Die Probe hat man schon erlebt. Als im Juli 1870 bei Beginn des Krieges Preußen seine Anleihe machte, da hielten die zahlreichen Millionäre des Wuppertals ihre Geldsäcke geschlossen, als aber nach dem Frieden 1871 Frankreich zur Zeichnung auf seine Anlehen einlud, da beteiligten sich die Reichen von Elberfeld und Barmen an erster Stelle neben den Frankfurter Hauptleuten der Börse. Und so wird es stets sein. Nur der Besitz des mittleren Bürgerstandes und der großen Masse des Volkes bleibt unter allen Umständen dem Lande erhalten.

Aber wenn in diesen und hundert anderen Dingen Schriftsteller und Redakteure mit Nachdruck für das wahre Wohl des Staates und gegen eine verkehrte Maßregel der Regierung eintreten, dann ist man sofort mit „Beleidigungs"prozessen bei der Hand. Dieselben sind überhaupt in Preußen zahlreicher, als irgendwo in ganz Europa.

Das ist aber kein gutes Zeichen, daß allein die Scharfrichter die einzige „königlich preußische Beamtenklasse" sind, die noch keinen Preßbeleidigungsprozeß geführt und keinen Strafantrag gestellt haben.

Der römische Kaiser Titus verbot alle Denunziationen und Anklagen wegen Beleidigung seiner Person. Er sprach: „Ich handle so, daß ich kein Urteil über mich zu fürchten habe, Lügen aber verachte ich." Unter Nero und Caligula dagegen waren die Beleidigungsprozesse an der Tagesordnung. Wie aber die Geschichte über diese Leute urteilt, ist bekannt.

Die weitaus große Mehrzahl der verurteilten Redakteure und Schriftsteller wird ungerecht verurteilt. Denn was sie geschrieben, ist in den meisten Fällen materiell richtig, und das weiß man auch recht gut. Aber eben weil es richtig ist, deshalb tut's der Korruption wehe und man möchte die Wahrheit erwürgen.

Zu den modernen Hexenprozessen zählen auch zahlreiche Verurteilungen wegen angeblicher Schmähung von Staatseinrichtungen, Widerstand gegen die Staatsgewalt und dergleichen, wo der Angeklagte durchaus im Rechte ist.

Aber auch vor den deutschen Zivilgerichten kommen Hexenprozesse vor. Oder hat man vielleicht noch niemand entmündigt, weil er vernünftiger war, als der politischen Polizei gefiel, weil er der Niederträchtigkeit im Wege stand, weil die Korruption seine Beseitigung wünschte, während er an Geisteskräften seinem Gegner weit überlegen war. Was Lenzmann über diesen Punkt vor einigen Jahren im Reichstage gesagt, ist durchaus richtig.

Aber finden sich denn willige „Richter" für alle diese Frevel? Ja, sie finden sich, wie sie sich zur Zeit der Hexenprozesse der früheren Jahrhunderte fanden. Es ist damals schon vorgekommen, daß der Henker den Dienst versagte, weil ihm das Unrecht, welches man ihm zumutete, zu scheußlich war. Aber daß eine politische Korruption auch für die gröbste Ungerechtigkeit und Meuchelung der Wahrheit keine juristischen Stiefelputzer als „Richter" gefunden hätte, das ist noch nicht vorgekommen; noch nie, in keinem Jahrhundert.

Wie sagt doch die Bibel: Jezabel schrieb an die Ältesten: „Lasset einen Festtag ausrufen und Naboth unter dem Volke oben an sitzen. Lasset sodann zwei schlechte Männer (Spitzel?) gegen ihn auftreten, die aussagen, er habe Gott und den König gelästert. Dann führet ihn zur Stadt hinaus und steiniget ihn.“ Es geschah, wie Jezabel geschrieben hatte und die Ältesten berichteten, Naboth ist gesteinigt und tot.

„Was der Fürst will, das spricht der Richter“ (7, 3). Die Hexenprozesse bestätigen es, die alten und die neuen.